崇文国学普及文库

山海经

谷瑞丽 赵发国 注译

读古人书 友天下士
昌明国学 弘扬文化

总序

现代意义的"国学"概念,是在19世纪西学东渐的背景下,为了保存和弘扬中国优秀传统文化而提出来的。1935年,王缁尘在世界书局出版了《国学讲话》一书,第3页有这样一段说明:"庚子义和团一役以后,西洋势力益膨胀于中国,士人之研究西学者日益众,翻译西书者亦日益多,而哲学、伦理、政治诸说,皆异于旧有之学术。于是概称此种书籍曰'新学',而称固有之学术曰'旧学'矣。另一方面,不屑以旧学之名称我固有之学术,于是有发行杂志,名之曰《国粹学报》,以与西来之学术相抗。'国粹'之名随之而起。继则有识之士,以为中国固有之学术,未必尽为精粹也,于是将'保存国粹'之称,改为'整理国故',研究此项学术者称为'国故学'……"从"旧学"到"国故学",再到"国学",名称的改变意味着褒贬的不同,反映出身处内忧外患之中的近代诸多有识之士对中国优秀传统文化失落的忧思和希望民族振兴的宏大志愿。

从学术的角度看,国学的文献载体是经、史、子、集。崇文书局的这一套国学经典普及文库,就是从传统的经、史、子、集中精选出来的。属于经部的,如《诗经》《论语》《孟子》《周易》《大学》《中庸》《左传》;属于史部的,如《战国策》《史记》《三国志》《贞观政要》《资治通鉴》;属于子部的,如《道德经》《庄子》《孙子兵法》《鬼谷子》《世说新语》《颜氏家训》《容斋随笔》《本草纲目》《阅微草堂笔记》;属于集部的,如《楚辞》《唐诗三百首》《豪放词》《婉约词》《宋词三百首》《千家诗》《元曲三百首》《随园诗话》。这套书内容丰富，而分量适中。一个希望对中国优秀传统文化有所了解的人，读了这些书，一般说来，犯常识性错误的可能性就很小了。

　　崇文书局之所以出版这套国学经典普及文库，不只是为了普及国学常识，更重要的目的是，希望有助于国民素质的提高。在国学教育中，有一种倾向需要警惕，即把中国优秀的传统文化"博物馆化"。"博物馆化"是20世纪中叶美国学者列文森在《儒教中国及其现代命运》中提出的一个术语。列文森认为，中国传统文化在很多方面已经被博物馆化了。虽然中国传统的经典依然有人阅读，但这已不属于他们了。"不属于他们"的意思是说，这些东西没有生命力，在社会上没有起到提升我们生活品格的作用。很多人阅读古代经典，就像参观埃及文物一样。考古发掘出来的珍贵文物，和我们的生命没有多大的关系，和我们的生活没有多大关系，这就叫作博物馆化。"博物馆化"的国学经典是没有现实生命力的。要让国学经典恢复生命力，有效的方法是使之成为生活的一部分。崇文书局之所以强调普及，深意在此，期待读者在阅读这些经典时，努力用经典来指导自己的内外生活，努力做一个有高尚的人格境界的人。

　　国学经典的普及，既是当下国民教育的需要，也是中华民族健康发展的需要。章太炎曾指出，了解本民族文化的过程就是一个接受爱国主义教育的过程："仆以为民族主义如稼穑然，要以史籍所载人物制度、地理风俗之类为之灌溉，则蔚然以兴矣。不然，徒知主义之可贵，而不知民族之可爱，吾恐其渐就萎黄也。"（《答铁铮》）优秀的传统文化中，那些与维护民族的生存、发展和社会进步密切相关的思想、感情，构成了一个民族的核心价值观。我们经常表彰"中国的脊梁"，一个毋庸置疑的事实是，近代以前，"中国的脊梁"都是在传统的国学经典的熏陶下成长起来的。所以，读崇文书局的这一套国学经典普及读本,虽然不必正襟危坐,也不必总是花大块的时间,更不必像备考那样一字一句锱铢必较,但保持一种敬重的心态是完全必要的。

期待读者诸君喜欢这套书,期待读者诸君与这套书成为形影相随的朋友。

陈文新

(教育部长江学者特聘教授,武汉大学杰出教授)

前言

《山海经》是我国流传至今的第一部地理书籍，至于是一部什么样的地理书，仁者见仁，智者见智，各方之家，自有独论：有人认为是一部最早的历史地理书，有人认为是中国最早的旅游地理书，还有人认为是一部最早的全球地理书。尽管是一部地理书，但它充满了神话与传说，并表现出极其丰富的想象力，其中夸父追日、嫦娥奔月、女娲补天、精卫填海等神话故事，更是妇孺能知。书中记事多荒诞不经，给人以诸多神秘之感，平添了无穷的奇幻魅力。所以自古及今，辈辈相传，研读者经久不衰。应该说《山海经》是我国记载神话最多的一部古地理书。

《山海经》，共十八卷。《山经》五卷：《南山经》《西山经》《北山经》《东山经》《中山经》；《海经》八卷：《海外南经》《海外西经》《海外北经》《海外东经》《海内南经》《海内西经》《海内北经》《海内东经》；《大荒经》四卷：《大荒南经》《大荒西经》《大荒北经》《大荒东经》；还有《海内经》一卷。《山经》以五方山川为纲，记述的内容包括古史、邦国、草木、鸟兽、神话、宗教等。《海经》《大荒经》与《海内经》除著录地理方位外，还记载远国异人的状貌和风格。

据有关专家学者考证，《山经》约成书于春秋、战国时代，《海经》《大荒经》及《海内经》分别为西汉及西汉以后的人所作。因而，《山海经》是了解我国春秋到西汉乃至西汉以后我国地理、历史、民族、神话、宗教、动物、植物、矿产、医药等的重要文献。

《山海经》校刊肇始于西汉刘向、刘歆父子，其后诸多文人学者接踵其后。而冠于诸家者，当属清人郝懿行，其《山海经笺疏》最为通行。本书为节选，经文部分即以1985年巴蜀书社影印还读楼校刊本为底本，兼采各版本之长，并参照了已有的一些研究成果，如袁珂先生的《山海经校注》（上海古籍出版社1983年版）等。所选插图则以马昌仪老师的《古本山海经图说》为主。本书在注译的过程中充分考虑了读者对象，大致遵循的原则是：（1）所选内容生动、有趣，邦国、草木、鸟兽、神话等均有包含。（2）对于文中的讹误之处，尽量简洁明了地加以说明，不再注出考订者。（3）一般通过译文就能够弄懂和理解的原文字词，不再出注。（4）本书前文已注释过的字词，后文如没有意义的变化，不再重复出注。

　　本书无论对研究者，还是对一般读者来说，都是非常值得一读的。本人不揣浅陋，成之拙作，所有不当之处，希望读者批评指正。

目录

山海经第一　南山经

鹊山·招摇山 ································· 3
猨翼山 ······································ 4
杻阳山 ······································ 4
柢　山 ······································ 5
亶爰山 ······································ 6
基　山 ······································ 7
青丘山 ······································ 8
鹊山——箕尾山 ······························ 9
柜　山 ····································· 10
长右山 ····································· 11
尧光山 ····································· 12
羽　山 ····································· 13
浮玉山 ····································· 13
洵　山 ····································· 14
鹿吴山 ····································· 15
柜山——漆吴山 ······························ 15

祷过山 ………………………………………… 16
丹穴山 ………………………………………… 17
发爽山 ………………………………………… 18
鸡　山 ………………………………………… 18
令丘山 ………………………………………… 19
天虞山——南禺山 …………………………… 20

山海经第二　西山经

华山·钱来山 ………………………………… 23
松果山 ………………………………………… 23
太华山 ………………………………………… 24
小华山 ………………………………………… 25
符禺山 ………………………………………… 25
英　山 ………………………………………… 27
竹　山 ………………………………………… 28
瀚次山 ………………………………………… 29
南　山 ………………………………………… 30
嶓冢山 ………………………………………… 30
天帝山 ………………………………………… 31
皋涂山 ………………………………………… 32
黄　山 ………………………………………… 33
翠　山 ………………………………………… 34
钱来山——䰠山 ……………………………… 35
女床山 ………………………………………… 36

鹿台山	36
小次山	37
西皇之山	38
钤山——莱山	38
崇吾山	39
钟山	40
泰器山	41
槐江山	42
昆仑丘	44
乐游山	45
嬴母山	46
玉山	46
长留山	47
章莪山	48
阴山	49
符惕山	49
三危山	50
騩山	51
天山	51
泑山	52
翼望山	53
崇吾山——翼望山	54
上申山	54
盂山	55
白於山	56

刚　山 56
刚山尾 57
英鞮山 57
中曲山 58
邽　山 59
鸟鼠同穴山 60
崦嵫山 61

山海经第三　北山经

求如山 65
带　山 65
谯明山 67
涿光山 67
虢　山 68
丹熏山 69
石者山 70
边春山 70
蔓联山 71
单张山 72
灌题山 73
大咸山 73
敦薨山 74
少咸山 75
狱法山 75

北岳山	76
浑夕山	77
隄　山	77
单狐山——隄山	78
县雍山	78
敦头山	79
钩吾山	80
北嚻山	80
梁渠山	81
管涔山——敦题山	82
太行山·归山	83
马成山	83
天池山	84
阳　山	85
景　山	86
小侯山	87
轩辕山	87
神囷山	88
发鸠山	88
绣　山	89
泰戏山	90
饶　山	90
乾　山	91
伦　山	92
錞于毋逢山	92

太行山——毋逢山 ………………………………… 93

山海经第四　东山经

樕𧉻山 ……………………………………………… 97
藟　山 ……………………………………………… 98
栒状山 ……………………………………………… 98
番条山 ……………………………………………… 99
姑儿山 ……………………………………………… 99
独　山 ……………………………………………… 100
泰　山 ……………………………………………… 100
樕𧉻山——竹山 …………………………………… 101
空桑山 ……………………………………………… 102
葛山首 ……………………………………………… 102
余峨山 ……………………………………………… 103
耿　山 ……………………………………………… 104
卢其山 ……………………………………………… 105
姑逢山 ……………………………………………… 105
凫丽山 ……………………………………………… 106
䃌　山 ……………………………………………… 106
空桑山——䃌山 …………………………………… 107
尸胡山 ……………………………………………… 108
孟子山 ……………………………………………… 108
跂踵山 ……………………………………………… 109
踇隅山 ……………………………………………… 110

尸胡山——无皋山	110
北号山	111
旄山	112
东始山	112
女烝山	113
钦山	114
子桐山	114
剡山	115
太山	116

山海经第五　中山经

薄山·甘枣山	119
渠猪山	120
牛首山	120
霍山	121
济山·𤄵诸山	122
鲜山	122
阳山	123
昆吾山	123
蔓渠山	124
𤄵诸山——蔓渠山	125
苽山·敖岸山	125
青要山	126
䰠山	127

和　　山	128
敖岸山——和山	129
扶猪山	129
厘　　山	130
牡　　山	131
鹿蹄山——玄扈山	131
首　　山	132
尸　　山	133
缟羝山·平逢山	133
廆　　山	134
密　　山	135
橐　　山	135
苦　　山	136
堵　　山	137
放皋山	137
大䃸山	138
半石山	139
少室山	140
休舆山——大騩山	141
荆山·景山	142
荆　　山	142
骄　　山	143
纶　　山	144
光　　山	144
岐　　山	145

美　山	146
琴鼓山	146
景山——琴鼓山	146
岷　山	147
崍　山	148
蛇　山	149
鬲　山	149
风雨山	150
玉　山	151
熊　山	151
女几山——贾超山	152
复州山	153
又原山	153
首山——丙山	154
丰　山	155
瑶碧山	156
支离山	156
堇理山	158
依轱山	158
从　山	159
乐马山	159
葴　山	160
倚帝山	160
鲜　山	161
历石山	162

丑阳山 … 163
凡　山 … 163
翼望山——凡山 … 164
夫夫山 … 165
暴　山 … 165
即公山 … 166
柴桑山 … 167
篇遇山——荣余山 … 167

山海经第六　海外南经

结匈国 … 171
羽民国 … 171
讙头国 … 172
厌火国 … 172
䣌　国 … 173
贯匈国 … 173
交胫国 … 174
不死民 … 174
三首国 … 174
周饶国 … 175
长臂国 … 176
南方祝融 … 176

山海经第七　海外西经

夏后启·····································179
三身国·····································180
一臂国·····································180
奇肱国·····································181
形　天·····································181
鸾鸟鸑鸟···································182
丈夫国·····································183
并　封·····································183
女子国·····································184
轩辕国·····································184
白民国·····································185
长股国·····································185
西方蓐收···································186

山海经第八　海外北经

无启之国···································189
烛　阴·····································189
一目国·····································190
柔利国·····································190
相柳氏·····································190
夸父逐日···································192
夸父国·····································193

北海有兽···193

山海经第九　　海外东经

大人国···197
奢比尸···197
君子国···198
天吴神···198
黑齿国···199
雨师妾···199
玄股之国···200
毛民国···201
劳民国···202
东方句芒···202

山海经第十　　海内南经

枭阳国···205
氐人国···205
巴　蛇···206
旄　马···206

山海经第十一　　海内西经

贰负臣危···209
昆仑开明兽···209

凤　皇	211
三头人	211
树　鸟	212

山海经第十二　海内北经

西王母	215
犬封国	216
鬼　国	216
蜪　犬	217
穷　奇	217
阘　非	218
据比尸	218
环　狗	219
戎	219
驺　吾	220
冰　夷	220
大　蟹	221
陵　鱼	221
蓬莱山	222

山海经第十三　海内东经

| 雷　神 | 225 |
| 四　蛇 | 226 |

山海经第十四　　大荒东经

折　丹 ·· 229
禺䝞 ·· 229
应　龙 ·· 230
夔 ·· 231

山海经第十五　　大荒南经

跊　踢 ·· 235
玄　蛇 ·· 236
黄　鸟 ·· 236
盈民国 ·· 237
蜮　人 ·· 237
育　蛇 ·· 238
焦侥国 ·· 238

山海经第十六　　大荒西经

女　娲 ·· 241
石　夷 ·· 241
五色鸟 ·· 242
人面虎身神 ··· 243
三面人 ·· 243

山海经第十七　大荒北经

肃慎氏国…………………………………………………247
九凤与彊良………………………………………………247
黄帝杀蚩尤………………………………………………248
烛　龙……………………………………………………249

山海经第十八　海内经

韩流生帝颛顼……………………………………………253
盐长国……………………………………………………253
延　维……………………………………………………254
钉灵国……………………………………………………254

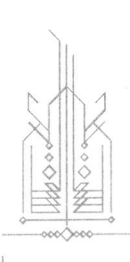

山海经第一 南山经

䧿山·招摇山

南山经之首曰䧿山①。其首曰招摇之山，临于西海之上，多桂，多金玉。有草焉，其状如韭而青华②，其名曰祝余，食之不饥。有木焉，其状如榖③而黑理，其华四照，其名曰迷榖，佩之不迷。有兽焉，其状如禺④而白耳，伏行人走，其名曰狌狌⑤，食之善走。丽䴈之水出焉，而西流注于海，其中多育沛，佩之无瘕⑥疾。

【注释】

① 南山经之首曰䧿山：南山经之首指南方的第一列山系。䧿：古鹊字。

② 华：开花。

③ 榖：构树。

④ 禺：猿猴。

⑤ 狌狌：即猩猩。

⑥ 瘕：虫病，指腹中的蛊胀病。

【译文】

南方的第一列山系叫做鹊山，鹊山之首叫招摇山，它耸立在西海岸边，山上多长桂树，山中蕴藏着许多金属矿产和玉石。山上生长着一种草，叶子的形状就像韭菜，花呈青色，它的名字叫祝余，吃了它不感到饥饿。有一种树木，形状像构树，有着黑色的纹理，它的光华照耀四方，这种树木的名字叫迷榖，把它佩戴在身上就不会迷失方向。有一

狌狌

种野兽，它的形状像猿猴，双耳是白色的，既能匍匐前行，又能像人一样直立行走，它的名字叫狌狌，吃了它就会健走。丽𪊨水发源于这里，向西流去，注入大海，水中多产一种称为育沛的动物，佩戴它可以不生蛊胀病。

猨翼山

又东三百八十里，曰猨翼之山①，其中多怪兽，水多怪鱼，多白玉，多蝮虫②，多怪蛇，多怪木，不可以上！

【注释】

① 猨翼之山：也作稷翼山或即翼山。
② 蝮（fù）虫：反鼻虫。

【译文】

再往东三百八十里，有座山叫猨翼山，山中生存着好多怪兽，水中游动着许多怪鱼，有许多的白色玉石，有许多反鼻虫，有许多奇怪的蛇，还有许多奇形怪状的树木，但不可攀登！

杻阳山

又东三百七十里，曰杻阳之山，其阳多赤金，其阴多白金。有兽焉，其状如马而白首，其文如虎而赤尾，其音如谣①，其名曰鹿蜀，佩之宜子孙。怪水出焉，而东流注于宪翼之水。其中多玄龟，其状如龟而鸟首虺②尾，其名曰旋龟，其音如判木③，佩之不聋，可以为底④。

【注释】

① 谣：如人唱歌。
② 虺：一种毒蛇。
③ 判木：劈开木头，这里指劈开木头的声音。判：劈，分。
④ 为底：治疗足茧。为：治疗。底：同"胝"，指足茧。

鹿蜀

【译文】

　　又向东三百七十里，有座山叫杻阳山，它的南坡多产红色金矿，它的北坡多产白色金矿。山中有一种野兽，它的形状像马而头呈白色，它身上的斑纹像老虎而尾巴是红色的，叫声像人歌吟，它的名字叫鹿蜀，佩戴它的皮毛可以使子孙兴旺繁衍。有叫怪水的河流发源于这里，向东流注入宪翼水。水中多产黑红色的乌龟，它的形状像普通的乌龟，但长着鸟头和毒蛇一样尖尖的尾巴，它的名字叫旋龟，它叫的声音像劈开木头的声音一样，佩戴它可以使人耳朵不聋，还可以治疗足底老茧。

柢　山

　　又东三百里，曰柢山，多水，无草木。有鱼焉，其状如牛，陵居①，蛇尾有翼，其羽在鲑②下，其音如留牛③，其名曰鯩，冬死④而夏生，食之无肿疾。

【注释】

① 陵居：栖息于深谷的水中。陵：这里指深谷。

② 鲑（xié）：胁，鱼的两肋。

③ 留牛：犁牛。

④ 冬死：冬眠。

【译文】

再向东三百里，有山叫柢山，山中多流水，不长草木。有一种鱼，它的形状像牛一样，栖息于深谷中，长着像蛇一样尖尖的尾巴，生着一对翅膀，它的羽毛长在两肋下，叫声像牛一样，它的名字叫鯩，冬天蛰伏睡眠，夏天醒来生长，吃了它可以不生痈肿病。

亶爱山

又东四百里，曰亶爱之山，多水，无草木，不可以上。有兽焉，其状如狸①而有髦②，其名曰类③，自为牝牡④，食者不妒。

【注释】

① 狸：野猫。

② 髦：头发。

③ 类：一种兽名，雌雄同体。

④ 牝（pìn）牡：指雌雄。牝：雌。牡：雄。

【译文】

再向东四百里，有山叫亶爱山，多流水，不生草木，不可以攀登。

山上有野兽，形状像野猫而头上长着头发，它的名字叫类，自己互为雌雄，吃了它可以不生嫉妒之心。

基 山

又东三百里，曰基山，其阳多玉，其阴多怪木。有兽焉，其状如羊，九尾四耳，其目在背，其名曰猼訑，佩之不畏。有鸟焉，其状如鸡而三首、六目、六足、三翼，其名曰𩿧𩿨，食之无卧①。

猼訑

【注释】
① 无卧：不睡觉，这里指减少睡眠。

【译文】
再向东三百里，有山叫基山，它的南坡多产玉石，它的北坡长着很多奇怪的树木。有一种野兽，它的形状像羊一样，却长着九条尾巴和四只耳朵，它的眼睛长在背上，它的名字叫猼訑（bó yí），如果人们佩戴了它的皮毛，就会勇敢无所畏惧。还有一种鸟，它的模样像鸡，但长着三个头、六只眼、六只脚、三只翅膀，它的名字叫𩿧𩿨，如果人们吃了它的肉，可以兴奋得很少睡觉。

青丘山

又东三百里,曰青丘之山,其阳多玉,其阴多青䨼①。有兽焉,其状如狐而九尾,其音如婴儿,能食人,食者不蛊②。有鸟焉,其状如鸠③,其音若呵④,名曰灌灌⑤,佩之不惑。英水出焉,南流注于即翼之泽⑥。其中多赤鱬⑦,其状如鱼而人面,其音如鸳鸯,食之不疥⑧。

【注释】

① 䨼(huò):青色的善丹,古人当作很好的颜料。
② 蛊(gǔ):害人的热毒恶气。
③ 鸠(jiū):鸟名。
④ 呵:像人的呼喊、吆喝声。
⑤ 灌灌:鸟名。
⑥ 泽:水汇聚之处。
⑦ 赤鱬(rú):人鱼。
⑧ 疥:疥疮。

赤鱬

【译文】

又向东三百里，有山叫青丘山，山的南坡多产玉石，山的北坡多产一种青色的颜料。有这样一种野兽，它的形状像狐狸却长了九条尾巴，发出的叫声像婴儿啼哭一样，能吃人，如果人吃了它的肉可以避免妖邪之气。有一种鸟，它的形貌与鸠极为相似，它的声音像人的呵斥声，它的名字叫灌灌，如果人佩戴了它可以不被迷惑。英水从此发源，南流注入即翼泽中。水里有很多人鱼，人鱼的身子似普通的鱼，但长着一副人面，它的叫声像鸳鸯，人如果吃了它的肉可以不生疥疮。

䧿山——箕尾山

凡䧿山之首，自招摇之出，以至箕尾之山，凡十山，二千九百五十里。其神状皆鸟身而龙首。其祠之礼①，毛②用一璋③玉瘗④，糈⑤用稌米⑥，一壁稻米⑦、白菅⑧为席⑨。

【注释】

① 祠之礼：祭祀的礼仪与形式。
② 毛：用于祭祀的带毛的牲畜，如鸡、狗、牛、猪、羊等。
③ 璋：古代祭祀时用作礼器的玉器。
④ 瘗：埋葬。
⑤ 糈（xǔ）：指祭祀所用精米，这里是用精米祭祀的意思。
⑥ 稌：指稻米。
⑦ 一壁稻米：四字在文中不通，疑为衍。

鸟身龙首神

⑧ 菅：一种草本植物，茅草类，叶子细长而尖，花绿色。
⑨ 席：祭神所坐的席子。

【译文】

总计䧿山山系之首尾，从招摇山到箕尾山，共十座山，所经里程为二千九百五十里。山之诸神的形状都是鸟身龙头。祭祀它们的典礼是将牲畜与一块璋玉共同埋于地下，用稻米作为祭祀的精米，用白茅来作为神的坐席。

柜 山

南次二山之首，曰柜山，西临流黄①，北望诸毗，东望长右。英水出焉，西南流注于赤水，其中多白玉，多丹粟②。有兽焉，其状如豚，有距③，其音如狗吠，其名曰狸力，见则其县多土功。有鸟焉，其状如鸱④而人手⑤，其音如痺⑥，其名曰鴸，其名自号⑦也，见则其县多放士。

【注释】

① 流黄：古国，流黄酆氏国。
② 丹粟：指细的红沙。
③ 距：指鸡、雉等的腿的后面突出像脚趾的部分。
④ 鸱：指鹞鹰。
⑤ 人手：这里指鸟的脚像人手。
⑥ 痺：动物的名字，具体不详。
⑦ 自号：自己呼自己的名字。

鴸

【译文】

南方第二列山系的第一座山叫柜山,这座山的西侧是流黄酆氏国,北边可以看到诸毗山,东边可以看到长右山。英水发源于此,向西南流入赤水,水中多产白色的玉石,有很多粟粒般细的红沙。有一种野兽,它的形状像小猪,有鸡一样的脚,叫的声音像狗,它的名字叫狸力。它出现在哪个县,哪个县一定有繁忙的土木工程。有一种鸟,它的形状像鹞鹰,而爪子就像人的手,它的叫声像痹,它的名字叫鴸,据说它的叫声叫的就是自己的名字。它出现在哪个县,哪个县的才智之士就多被放逐。

长右山

东南四百五十里,曰长右之山,无草木,多水。有兽焉,其状如禺^①而四耳,其名长右^②,其音如吟,见则其郡县^③大水。

【注释】

① 禺:长尾猴。
② 长右:因为山中出产这种野兽,因而以兽为名。
③ 郡县:郡、县均为古代的行政区划名称,这里泛指一般地方。

【译文】

向东南四百五十里,有山叫长右山,山上不生草木,但多水源。山中有一种野兽,它的形状像长尾猴,但长着四只耳朵,它的名字叫长右,它的声音像人的呻吟声,有它出现的郡县会发生大水灾。

尧光山

又东三百四十里，曰尧光之山，其阳多玉，其阴多金。有兽焉，其状如人而彘鬣①，穴居而冬蛰，其名曰猾裹，其音如斫②木，见则县有大繇③。

【注释】

① 彘（zhì）鬣（liè）：指猪鬃。彘：猪。鬣：兽颈上精而硬的长毛。
② 斫：用刀斧砍、伐。
③ 繇（yáo）：通"徭"，指徭役。

【译文】

再向东三百四十里，有山叫尧光山，它的南坡多产玉石，北坡多产金属矿物。有一种野兽，它的样子像人而身上长着像猪一样的长鬃毛，生活在洞穴之中，冬季蛰居不出，它的名字叫猾裹，它的叫声如同砍伐树木的声音，它出现的地方就会有繁重的徭役。

猾裹

羽　山

又东三百五十里，曰羽山，其下多水，其上多雨，无草木，多蝮虫。

【译文】

再向东三百五十里，有山叫羽山，山下多水，山上多雨，草木不生，到处都有反鼻虫。

浮玉山

又东五百里，曰浮玉之山，北望具区①，东望诸毗。有兽焉，其状如虎而牛尾，其音如吠犬，其名曰彘，是食人。苕水出于其阴，北流注于具区。其中多鮆鱼②。

【注释】

① 具区：古泽薮，今江苏太湖。
② 鮆（jì）鱼：头长身狭而薄长，又叫刀鱼。

【译文】

再向东五百里，有山叫浮玉山，北边可以看到具区泽，东边可以看到诸毗水。有这样一种野兽，它的样子像虎，可是生了条牛的尾巴，它的声音像狗叫，它的名字叫彘，能吃人。苕水发源于它的北部，向北流注入具区泽。泽中多鮆鱼。

洵 山

又东四百里，曰洵山，其阳多金，其阴多玉。有兽焉，其状如羊而无口，不可杀①也，其名曰𢐗。洵水出焉，而南流注于阏之泽，其中多茈蠃②。

【注释】

① 不可杀：不会死，虽然没嘴，但自己可以生活。
② 茈蠃：指紫色的螺。蠃：通"螺"。

【译文】

再向东四百里，有山叫洵山，它的南坡多产金属矿物，它的北坡多产玉石。有这样一种野兽，它的形状像羊，但没有口，无法进食，但能生活，它的名字叫𢐗。洵水从洵山流出，向南流入阏泽，其中生长着许多紫色的螺。

𢐗

鹿吴山

又东五百里，曰鹿吴之山，上无草木，多金石。泽更之水出焉，而南流注于滂水。水有兽焉，名曰蛊雕①，其状如雕而有角，其音如婴儿之音，是食人。

【注释】

① 蛊雕：鸟的名字，属于鹰类。

【译文】

再向东五百里，有山叫鹿吴山，山上草木不生，但多产金属矿石和玉石。泽更水发源于此，向南流注入滂水。水中有野兽，名字叫蛊雕。它的形状像雕而生有角，它的声音像婴儿的啼哭一般，吃人。

蛊雕

柜山——漆吴山

凡南次二山之首，自柜山至于漆吴之山，凡十七山，七千二百里。其神状皆龙身而鸟首。其祠：毛用一璧瘗，糈用稌。

【译文】

总计南方第二列山系,自柜山始至漆吴山,共有十七座山,总长七千二百里。诸山山神都长着龙的身子、鸟的头。祭祀它们时,须用一块璧玉和猪羊鸡犬等一同埋入地下,用稻米作为祭神的精米。

祷过山

东五百里,曰祷过之山,其上多金玉,其下多犀、兕①,多象。有鸟焉,其状如䴔②而白首,三足,人面,其名曰瞿如,其鸣自号也。泿水出焉,而南流注于海。其中有虎蛟③,其状鱼身而蛇尾,其音如鸳鸯,食者不肿,可以已④痔。

【注释】

① 兕(sì):独角兽,似水牛,青色,一角,重千斤。
② 䴔(jiāo):像凫一样的水鸟,身体比凫小,脚与尾巴靠得很近。
③ 蛟:龙的一种。
④ 已:停止。这里是治愈的意思。

【译文】

向东五百里,有山叫祷过山,山上多产金属矿和玉石,山下有许多的犀牛、独角兽、大象。有这样一种鸟,它的形状像䴔,而头为白色,长着三只脚和一副人的面孔,它的名字叫瞿如,它的叫声很像它自己的名字。泿水从这里流出,流向南方,注入大海。水中多虎蛟,它身

瞿如

体的形状像鱼而长着蛇的尾巴，它的叫声像鸳鸯，吃了它的肉可以不生浮肿病，还可以治愈痔疮。

丹穴山

又东五百里，曰丹穴之山，其上多金玉。丹水出焉，而南流注于渤海①。有鸟焉，其状如鸡，五采②而文，名曰凤皇，首文曰德，翼文曰顺，背文曰义，膺③文曰仁，腹文曰信。是鸟也，饮食自然，自歌自舞，见则天下安宁。

【注释】

① 渤海：不是指今渤海，根据地理位置判断应是指今南海。
② 五采：指色彩很丰富。采：通"彩"。
③ 膺（yīng）：胸脯。

【译文】

又向东五百里，有山叫丹穴山，山上多产金属矿和玉石。丹水从此流出，向南流注入渤海。有一种鸟，它的形状像鸡，身披五彩斑斓的形成各种花纹的羽毛，名字叫凤凰。头上有形状似"德"字的花纹，翅膀上有形状似"顺"字的花纹，背上有形状似"义"字的花纹，胸脯上有形状似"仁"字的花纹，腹部有形状似"信"字的花纹。这种鸟啊，饮食取自自然，自己能歌善舞，它一出现天下就会太平。

凤皇

发爽山

又东五百里,曰发爽之山,无草木,多水,多白猿。汎水出焉,而南流注于渤海。

【译文】

又向东五百里,有山叫发爽山,山上不生草木,有很多水流,生存着很多白色的猿。汎水从此流出,向南方流去,注入渤海。

鸡　山

又东五百里,曰鸡山,其上多金,其下多丹雘。黑水出焉,而南流注于海。其中有鱄①鱼,其状如鲋②而彘③毛,其音如豚④,见则天下大旱。

【注释】

① 鱄(tuán):鱼名,出自于洞庭湖,古代视为美味鱼种之一。这里是指一种怪鱼,大旱的征兆。
② 鲋:古书上指鲫鱼。淡水鱼的一种,头部尖,中部高,较常见。
③ 彘:猪。
④ 豚:小猪,泛指猪。

【译文】

　　再向东五百里,有山叫鸡山,它的上面多产金属矿物,下面多产朱红色的善丹。黑水从这里流出,流向南方,注入海中。水中有鲔鱼,它的形状像鲫鱼而长着猪毛,它的叫声就像小猪发出的声音,它一出现,天下就会发生大旱灾。

令丘山

　　又东四百里,曰令丘之山,无草木,多火。其南有谷焉,曰中谷,条风①自是出。有鸟焉,其状如枭②,人面四目而有耳,其名曰颙,其鸣自号也,见则天下大旱。

【注释】

① 条风:东北风。
② 枭(xiāo):一种凶猛的鸟,以捕食老鼠、兔子等为生。

【译文】

　　又向东四百里,有山叫令丘山,山上不生草木,有很多火焰。它的南边有个山谷,叫中谷,东北风从这里吹出。这里有一种鸟,它的形状像枭,长着人的面孔,但却生有四只眼睛,还有耳朵,它的名字叫颙,它的叫声就像喊它自己的名字,只要它一出现,天下就会发生大旱灾。

颙

天虞山——南禺山

凡南次三山之首,自天虞之山以至南禺之山,凡一十四山,六千五百三十里。其神皆龙身而人面。其祠皆一白狗祈,糈用稌。

【译文】

总计南方第三列山系之首尾,从天虞山到南禺山,总共有十四座山,总长六千五百三十里。诸山的神灵都长着龙的身子和人的面孔。祭祀它们是用白狗的血涂好祭器的缝隙,然后再在祭器上陈列祭品,祀神的精米为稻米。

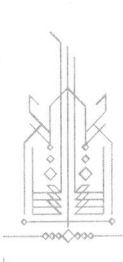

山海经第二 西山经

华山·钱来山

西山华山之首,曰钱来之山,其上多松,其下多洗石①。有兽焉,其状如羊而马尾,名曰羬羊②,其脂可以已腊③。

【注释】

① 洗石:洗澡时用来去除污垢的石头。
② 羬(xián)羊:一种怪兽,样子像羊,但长着马的尾巴。
③ 已腊:医治干皱的皮肤。已:治疗。腊:皮肤皴皱。

【译文】

西山华山山系的第一座山叫钱来山,它上面长着很多松树,山下多产洗石。山中有这样一种野兽,它的形状像羊,但长着马的尾巴,它的名字叫羬羊,它的油脂可以治疗皮肤的皴皱。

羬羊

松果山

西四十五里,曰松果之山。濩水出焉,北流注于渭①,其中多铜。有鸟焉,其名曰螭渠,其状如山鸡,黑身赤足,可以已𤸎②。

【注释】

① 渭：渭水，位于秦岭以北。
② 膔（báo）：指皮皱起。

【译文】

向西四十五里，有山叫松果山。濩水从这里流出，向北流，注入渭水，山中有很多铜矿。有一种鸟，它的名字叫螐渠，它的形状就像山鸡，黑黑的身子，红红的两足，吃了它的肉可以治疗皮肤皴皱。

太华山

又西六十里，曰太华之山①，削成而四方，其高五千仞②，其广十里，鸟兽莫居。有蛇焉，名曰肥𬺈，六足四翼，见则天下大旱。

【注释】

① 太华之山：指西岳华山，在今陕西省华阴市西南。
② 仞：古代度量单位，相当于八尺。

【译文】

再向西六十里，有山叫太华山，山如刀削斧砍般陡峭，成四方形，高四千丈，方圆十里，飞鸟走兽无法居住。山中有一种蛇，名叫肥𬺈，长着六只脚、四只翅膀，它一出现，天下就会出现大旱灾。

肥𬺈

小华山

又西八十里，曰小华之山①，其木多荆杞，其兽多柞牛②，其阴多磬石③，其阳多㻬琈④之玉。鸟多赤鷩⑤，可以御火。其草有萆荔⑥，状如乌韭，而生于石上，亦缘木而生，食之已心痛。

【注释】

① 小华之山：今少华山，在陕西省华阴市东南。
② 柞（zhà）牛：一种山牛，可产千斤之肉。
③ 磬石：乐石，可以当作磬这种乐器来敲击。
④ 㻬琈：玉名，其形状不详。
⑤ 赤鷩（bì）：即锦鸡，山鸡之属。
⑥ 萆（bì）荔：一种香草。

【译文】

再向西八十里，有山叫小华山，山上的树木多为荆木和枸杞，山中的兽类多为柞牛，它的北坡多产可以做乐石的磬石，它的南坡多产㻬琈玉。鸟多是赤鷩，养它可以防御火灾。山上产一种叫萆荔的香草，形状像乌韭，生长在石头之上，也攀着树木生长，吃了它可以治疗心痛病。

符禺山

又西八十里，曰符禺之山，其阳多铜，其阴多铁。其上有木焉，名曰文茎，其实如枣，可以已聋。其草多条，其状如葵，而赤华黄实，如婴儿舌，食之使人不惑。符禺之水出焉，而北流注于渭。其兽多葱聋，其状如羊而赤鬣。其鸟多䳑[①]，其状如翠[②]而赤喙[③]，可以御火。

【注释】

① 䳑（mín）：一种鸟，样子像翠鸟，赤喙。

② 翠：又叫钓鱼郎，鸟的一种。

③ 喙（huì）：鸟的嘴。

【译文】

　　再向西八十里，有山叫符禺山，山的南坡多产铜矿，山的北坡多产铁矿。山上有一种树木，名字叫文茎，它结的果实像枣般大小，可以作为药用，吃了它，可以治疗耳聋。山上生长着很多叫条的草，它的形状与葵极像，但开红色的花，结黄色的果。果实像婴儿的舌头，吃了它可以使人不迷惑。符禺水从这里发源而出，流向北方，注入渭水。山中生存着叫葱聋的一种野兽，它的形状像羊而生着红色的鬣毛。山中的鸟多为䳑，它的形状像翠鸟但长着红色的嘴，养它可以用来防火。

葱聋

英 山

又西七十里,曰英山,其上多杻檀①,其阴多铁,其阳多赤金。禹水出焉,北流注于招水,其中多䱤鱼,其状如鳖,其音如羊。其阳多箭䉋②,兽多㸲牛、羬羊。有鸟焉,其状如鹑,黄身而赤喙,其名曰肥遗,食之已疠③,可以杀虫。

【注释】

① 杻:树木名,与棣树相似,但叶子较细。檀:树木名,木质坚硬,可以用作车材。
② 箭䉋:箭竹和䉋竹。箭:箭竹。䉋:䉋竹,竹里较厚,竹节较长,扎根较深,竹笋可以食用。
③ 疠:即麻风病。

【译文】

再向西七十里,有山叫英山,山上生长着较多的杻树和檀树。山的北坡多产铁,山的南坡多产赤金。禹水发源于此,流向北方,注入招水,水中多䱤鱼,它的形状很像鳖,它的叫声如同羊叫。山的南坡多产箭竹和䉋竹,在兽类中多见㸲牛和羬羊。有一种鸟,它的形状像鹑鹑,长着黄色的身体和红色的嘴壳,它的名字叫肥遗,吃了它可以治疗麻风病,还可以杀死腹中的寄生虫。

竹 山

又西五十二里，曰竹山，其上多乔木，其阴多铁。有草焉，其名曰黄蘿，其状如樗①，其叶如麻，白华而赤实，其状如赭②，浴之已疥，又可以已胕③。竹水出焉，北流注于渭，其阳多竹箭，多苍玉。丹水出焉，东南流注于洛水，其中多水玉，多人鱼。有兽焉，其状如豚而白毛，毛大如笄④而黑端，名曰豪彘⑤。

【注释】

① 樗：植物名。俗称臭椿。
② 赭：紫红色。
③ 胕：浮肿病。
④ 笄：簪子，古代用来插住挽起的头发或弁冕，用金属、玉石等制成。
⑤ 豪彘：豪猪，俗称箭猪。

【译文】

再向西五十二里，有山叫竹山，山上生长着很多高大的乔木，山的北坡蕴藏着丰富的铁矿。有一种草名叫黄蘿，它的形状像臭椿树，它的叶子像麻，开白色的花却结

豪彘

红色的果实，果实的颜色略带点紫红色，拿这种果实浸在水中洗澡可以治疗疥疮，还可以治疗浮肿。竹水从这里流出，向北流，注入渭水。水的北面生长着大片的竹箭，多产苍玉。丹水发源于这座山，向东南流，注入洛水，水中多产水晶，有很多的人鱼。有一种野兽，形状像一头小白猪，白色的毛像簪子那么粗，顶端却是黑色的，它的名字叫箭猪。

羭次山

又西七十里，曰羭次之山，漆水出焉，北流注于渭。其上多棫①檀，其下多竹箭，其阴多赤铜，其阳多婴②垣③之玉。有兽焉，其状如禺而长臂，善投，其名曰嚻④。有鸟焉，其状如枭，人面而一足，曰橐𩇯，冬见夏蛰，服之不畏雷。

橐𩇯

【注释】

① 棫（yù）：木名，指桵木。

② 婴：系。

③ 垣：此字传写错误，可能为"胆"字之误，即颈项。

④ 嚻（xiāo）：猕猴一样的兽，形貌与人类相似。

【译文】

再向西七十里，有山叫羭次山，漆水发源于这座山，流向北方，注入渭水。山上生长着很多棫树和檀树，山下生长着茂盛的竹丛，山的北坡多产赤铜，山的南坡多产系在颈部用作装饰品的玉。有一种野兽，它的样子酷似长尾猴却长着长长的臂，善于投掷，它的名字叫嚻。

还有一种鸟,它的样子像枭,长着人的面孔,只生了一只脚,它的名字叫橐𪄀,它的生活习性是冬天出现,夏天蛰居,把它的羽毛披在身上就不怕打雷。

南　山

又西百七十里,曰南山,上多丹粟。丹水出焉,北流注于渭。兽多猛豹①,鸟多尸鸠②。

【注释】

① 猛豹:野兽的一种,似熊而小,毛浅有光泽,能吃蛇。豹:一说作虎。
② 尸鸠:布谷鸟。

【译文】

再向西一百七十里,有山叫南山,山上多产粟粒一样细的红沙。丹水发源于这座山,流向北方,注入渭水。山中各种野兽以猛豹为多,各种鸟类以尸鸠为最。

嶓冢山

又西三百二十里,曰嶓冢之山,汉水出焉,而东南流注于沔;嚣水出焉,北流注于汤水。其上多桃枝钩端①,兽多犀兕熊罴②,鸟多白翰③、赤鷩。有草焉,其叶如蕙④,其本⑤如桔梗⑥,黑华而不实,名曰蓇蓉,食之使人无子。

【注释】

① 桃枝钩端：桃枝：竹名。钩端：桃枝属，也是竹子的一种。
② 罴（pí）：熊的一种。
③ 白翰：鸟的一种，又叫白鹇或白雉。
④ 蕙：一种香草，属于兰草类。
⑤ 本：根茎。
⑥ 桔梗：指橘树的茎干。

【译文】

再向西三百二十里，有山叫皤冢山，汉水发源于这座山，向东南流去，注入沔水；嚣水也发源于这里，流向北方，注入汤水。山上生长着茂盛的桃枝竹和钩端竹，野兽以犀、兕、熊、罴为主，鸟以白翰、赤鷩为多。有一种草，它的叶子像蕙草的叶子，它的茎像桔梗，开黑色的花而不结果，它的名字叫蓇蓉，人吃了它就会丧失生育能力而没有后代。

天帝山

又西三百五十里，曰天帝之山，上多棕楠，下多菅①蕙。有兽焉，其状如狗，名曰谿边，席其皮者不蛊。有鸟焉，其状如鹑，黑文而赤翁②，名曰栎，食之已痔。有草焉，其状如葵，其臭如蘼芜，名曰杜衡③，可以走马，食之已瘿④。

【注释】

① 菅：茅类植物。
② 翁：指鸟脖子上的毛。

③ 杜衡：香草的一种。
④ 瘿（yǐng）：长在脖子上的瘤子。

【译文】

再向西三百五十里，有山叫天帝山，山上多产棕树和楠树。山下多产菅草与蕙草。有一种野兽，它的形状像狗，名字叫谿边，用它的皮来做褥垫可以不受蛊毒的侵扰。有一种鸟，它的形状像鹌鹑，身上的羽毛带着黑色的花纹，脖子上的毛是红色的，它的名字叫栎，吃了它的肉可以治疗痔疮。有一种草，它的形状像葵，它发出的气味像蘼芜，名字叫杜衡，佩戴上它可以使马快跑，吃了它可以消除脖颈上的肉瘤。

谿边

皋涂山

西南三百八十里，曰皋涂之山，蔷水出焉，西流注于诸资之水；涂水出焉，南流注于集获之水。其阳多丹粟，其阴多银、黄金，其上多桂木。有白石焉，其名曰礜①，可以毒鼠。有草焉，其状如藁茇②，其叶如葵而赤背，名曰无条，可以毒鼠。有兽焉，其状如鹿而白尾，马足人手③而四角，名曰玃如。有鸟焉，其状如鸱而人足，名曰数斯，食之已瘿。

【注释】

① 礜：礜石，也称毒砂，即硫砒铁矿。煅之成末，可以杀鼠，亦可以入药。
② 茇：藁茇，一种香草。
③ 人手：前两脚像人的两手。

【译文】

向西南三百八十里，有山叫皋涂山，蔷水发源于这座山，向西流注入诸资水；涂水也发源于这里，向南流注入集获水。山的南坡多产像粟米一样细的红沙，山的北坡多产银和黄金，山上生长着茂盛的桂木。有一种白色的石头，它的名字叫礜，这种石头的粉末可以毒死老鼠。有一种草，它的形状像藁茇，它的叶子像葵一样，但背是红色的，它的名字叫无条，可以用来杀死老鼠。有一种野兽，它的形状像鹿而生着白色的尾巴，后脚像马蹄，前脚像人手，头上长着四只角，它的名字叫玃如。这里有一种鸟，它的形状像鸱而长着人一样的脚，名叫数斯，吃了它的肉可以治疗脖子上的肉瘤。

玃如

黄　山

又西百八十里，曰黄山，无草木，多竹箭。盼水出焉，西流注于赤水，其中多玉。有兽焉，其状如牛，而苍黑大目，其名曰㾞①。有鸟焉，其状如鸮，青羽赤喙，人舌能言，名曰鹦䳇②。

【注释】

① 犘（mǐn）：指小牛。
② 鸚䳑：即鹦鹉，能模仿人说话的声音。

【译文】

再向西一百八十里，有山叫黄山，山上不生草木，多生竹丛。盼水发源于这座山，向西流注入赤水，水中多产玉石。有一种野兽，它形状像牛，但长着苍黑的毛和两只大眼睛，它的名字叫犘。还有一种鸟，形状像鸮鸟，长着青色的羽毛、红色的嘴壳，有人一样的舌头，能学人说话，名叫鹦䳑。

翠　山

又西二百里，曰翠山，其上多棕楠，其下多竹箭，其阳多黄金、玉，其阴多旄牛①、𮭝②、麝③；其鸟多鹛，其状如鹊，赤黑而两首、四足，可以御火。

【注释】

① 旄牛：即牦牛。
② 𮭝（líng）：样子似羊，羊角较大，喜欢吃一些精细的食物，常活动于山崖间。
③ 麝（shè）：样子像獐而小，雄的能分泌麝香。

【译文】

再向西二百里，有山叫翠山，山上多产棕树和楠树，山下生长着茂盛的箭竹丛，山的南坡多产黄金和玉石，山的北坡多有牦牛、𮭝和香獐。山中的鸟以鹛为多，形状像喜鹊，披着红黑色的羽毛，长着两个头、四只脚,养着它可以防御火灾。

钱来山——䰠山

　　凡西山之首,自钱来之山至于䰠山,凡十九山,二千九百五十七里。华山,冢①也,其祠之礼:太牢②。䰠山,神也,祠之用烛,斋③百日以百牺④,瘗用百瑜⑤,汤其酒百樽,婴⑥以百珪⑦百璧。其余十七山之属,皆毛牷⑧用一羊祠之。烛者,百草之未灰,白席采等纯⑨之。

【注释】

① 冢:神鬼所居住的地方。
② 太牢:古人祭祀时用牛、羊、猪三牲为太牢。
③ 斋:古人在祭祀或举行典礼前所进行的洁身活动,以示对神的敬重。
④ 牺:古人宗庙祭祀用的纯色的家畜。
⑤ 瑜:指美玉。
⑥ 婴:指用玉祭神的专称。
⑦ 珪(guī):同"圭",古玉器名,长条形,上端作三角形,下端正方,古代贵族朝聘、祭祀、丧葬时所用礼器。
⑧ 牷(quán):指祭祀时完整的全牲。
⑨ 纯:这里用作动词,装饰席子边缘的意思。

【译文】

　　总观西方第一列山系之首尾,从钱来山到䰠山,共十九座山,总长二千九百五十七里。华山,是众多神鬼的居所,祭祀它的典礼要用猪、牛、羊三牲齐备的太牢。䰠山,也住着众多的神仙,祭祀它要用烛，斋戒一百天，用一百头没有杂色的猪、牛、羊等，随同一百块玉葬入地下。还要烫一百樽酒，环绕陈列上一百块珪和一百块璧。其余的十七座山，均用一只肥美的整羊来祭祀。所谓烛，是用百草束扎成的火把，在它未燃尽成灰时叫做烛。祭祀神的席子是白色的，四周装饰了五彩的花纹。

女床山

西南三百里，曰女床之山，其阳多赤铜，其阴多石涅①，其兽多虎、豹、犀、兕。有鸟焉，其状如翟②而五采文，名曰鸾鸟③，见则天下安宁。

【注释】

① 石涅：即石墨，可以作为染料，也可以画眉和写字。
② 翟：一种长尾野鸡，但体型稍大。
③ 鸾鸟：一种吉祥鸟。

鸾鸟

【译文】

向西南三百里，有山叫女床山，它的南坡多产红铜矿，北坡多产石涅，山中的野兽以虎、豹、犀、兕为多。有一种鸟，它的样子像翟，但长着五彩的羽毛。它的名字叫鸾鸟，它一出现天下就会太平。

鹿台山

又西二百里，曰鹿台之山，其上多白玉，其下多银，其兽多㸲牛、羬羊、白豪^①。有鸟焉，其状如雄鸡而人面，名曰凫徯，其鸣自叫也，见则有兵^②。

【注释】

① 白豪：猪的一种，因其毛白，所以叫白豪。
② 兵：兵器、军队。这是指战争。

【译文】

　　再向西二百里，有山叫鹿台山，山上多产白色的玉石，山下蕴藏着丰富的银矿。山中的野兽多是㸲牛、羬羊、白豪。还有一种鸟，形状像雄鸡，而长着一副人的面孔，名字叫凫徯，它的叫声就像呼叫自己的名字，它一出现就会有战争。

凫徯

小次山

　　又西四百里，曰小次之山，其上多白玉，其下多赤铜。有兽焉，其状如猿，而白首赤足，名曰朱厌，见则大兵。

【译文】

　　再向西四百里，有山叫小次山，山上多产白色的玉石，山下蕴藏着丰富的红铜矿。有一种野兽，它的形状像猿猴，但长着白色的头和红色的脚，它的名字叫朱厌，它一出现就会有大的战乱。

西皇之山

又西三百五十里，曰西皇之山，其阳多金，其阴多铁，其兽多麋①、鹿、柞牛。

【注释】

① 麋（mí）：即麋鹿，哺乳动物，雄的有角，角像鹿，尾像驴，蹄像牛，颈像骆驼，但从整个动物看，哪一种动物都不像，所以叫四不像。

【译文】

再向西三百五十里，有山叫西皇山，山的南坡盛产黄金，山的北坡蕴藏着丰富的铁矿，山中的野兽以麋、鹿、柞牛居多。

钤山——莱山

凡西次二山之首，自钤山至于莱山，凡十七山，四千一百四十里。其十神者，皆人面而马身。其七神，皆人面牛身，四足而一臂，操杖以行，是为飞兽之神。其祠之，毛用少牢①，白菅为席。其十辈神者，其祠之，毛一雄鸡，钤而不糈，毛采。

【注释】

① 少牢：指古时祭祀用的猪与羊。

【译文】

　　总计西方第二列山系之首尾,从钤山开始,到莱山为止,共有十七座山,总长四千一百四十里。诸山山神中有十个都长着人的面孔和马的身子,另外七个神都长着人的脸和牛的身子,四只脚、一个臂膀,拄着拐杖行走,叫做飞兽之神。祭祀他们,毛物用猪、羊,放在白茅席上。至于其他的十个神,祭祀他们:毛物用一只雄鸡,祈祷时不用精米,毛物的颜色各种各样。

崇吾山

　　西次三山之首,曰崇吾之山,在河之南,北望冢遂,南望䍃之泽,西望帝之搏兽之山,东望螞渊。有木焉,员①叶而白柎②,赤华而黑理,其实如枳③,食之宜子孙。有兽焉,其状如禺而文臂,豹尾而善投,名曰举父。有鸟焉,其状如凫,而一翼一目,相得乃飞,名曰蛮蛮,见则天下大水。

举父

【注释】

① 员:通"圆"。

② 柎(fū):指花萼。

③ 枳（zhǐ）：小乔木，茎上有刺，白花，浆果，味酸苦，又叫枸橘。

【译文】

　　西方第三列山系的开始是崇吾山，在黄河的南岸，站在山巅，向北可以看到冢遂山，向南可以看到䍃泽，向西可以看到天帝的搏兽丘，向东可以看到螞渊。山中有一种树木，叶子是圆的，花萼是白色的，开着红色的花，花瓣上的纹理是黑色的，结的果实就像枳，人吃了它可以多子多孙。山中还有一种野兽，它的形状就像猴子，臂上长着斑纹，尾巴似豹子，而善于投掷，它的名字叫举父。有一种鸟，形状像野鸭一样，但只长着一只翅膀、生着一只眼睛，两只鸟互相配合才能飞翔，它的名字叫蛮蛮，它一出现天下就会发生大水灾。

蛮蛮

钟　山

　　又西北四百二十里，曰钟山。其子曰鼓，其状人面而龙身，是与钦䲹杀葆江于昆仑之阳，帝乃戮之钟山之东曰崤崖。钦䲹化为大鹗①，其状如雕而黑文白首，赤喙而虎爪，其音如晨鹄②，见则有大兵；鼓亦化为鵕鸟，其状如鸱，赤足而直喙，黄文而白首，其音如鹄③，见即其邑大旱。

【注释】

① 鹗：鸟名。头、颈和腹部均白色而有暗褐色纵纹，背部暗褐色。上嘴呈钩状，爪锐利，外趾能前后转动。性凶猛。常在江河湖泊

及海滨一带飞翔，捕食鱼类，故又称鱼鹰。
② 晨鹄（hú）：与鹗一类的鸟。
③ 鹄：即鸿鹄，又名黄鹄。形似鹅而体型大，颈很长，嘴尖黑色，羽毛纯白或黑色，有光泽。

【译文】

再向西北四百二十里，有山叫钟山。钟山山神的儿子叫鼓，形状似人的面孔、龙的身子，他与一个叫钦䲹的神在昆仑山的南面杀死了天神葆江，天帝知道后，便把二人诛戮在钟山东面一个叫嵫崖的地方。钦䲹死后变为一只大鹗，它的形状像雕，却有着黑色的斑纹、白色的脑袋、红色的嘴壳及老虎一样的爪子，它的叫声就像晨鹄一样，它一出现当地便会出现战乱；鼓也变为一只鵕鸟，它的形状像鹞鹰，红色的足爪，直直的嘴壳，黄色的斑纹，白色的脑袋，它的叫声像鸿鹄，它一出现，当地就会发生大旱灾。

泰器山

又西百八十里，曰泰器之山。观水出焉，西流注于流沙。是多文鳐鱼，状如鲤鱼，鱼身而鸟翼，苍文而白首赤喙，常行西海，游于东海，以夜飞。其音如鸾鸡①，其味酸甘，食之已狂，见则天下大穰②。

【注释】
① 鸾鸡：传说中的鸟，样子不详。
② 穰（ráng）：指庄稼成熟丰收。

【译文】

再向西一百八十里，有山叫泰器山。观水发源于这座山，向西流注入流沙。水中生长着很多文鳐鱼，这种鱼的形状像鲤鱼，不过鱼身子上长着鸟的翅膀，青色的斑纹，白色的脑袋，红色的嘴壳，常常从西海游到东海，晚上可以飞翔。它的声音就像鸾鸣叫，它的肉，酸中带着甜味，吃了它可以治愈癫狂，它一出现，天下庄稼就会大丰收。

槐江山

又西三百二十里，曰槐江之山。丘时之水出焉，而北流注于泑水。其中多蠃母①，其上多青、雄黄，多藏琅玕②、黄金、玉，其阳多丹粟，其阴多采黄金银。实惟帝之平圃，神英招司之，其状马身而人面，虎文而鸟翼，徇③于四海，其音如榴④。南望昆仑，其光熊熊，其气魂魂⑤。西望大泽⑥，后稷⑦所潜也。其中多玉，其阴多榣木⑧之有若⑨。北望诸毗，槐鬼离仑居之，鹰鹯⑩之所宅也。东望恒山四成，有穷鬼居之，各在一搏⑪。爰有淫水⑫，其清洛洛⑬。有天神焉，其状如牛，而八足二首马尾，其音如勃皇⑭，见则其邑有兵。

英招

【注释】

① 蠃母：螺蛳的一种。

② 琅（láng）玕（gān）：玉一样的石头。

③ 徇：巡视，巡行。

④ 榴：同"抽"，抽取。

⑤ 瑰瑰：恢宏的样子。

⑥ 大泽：后稷所葬之所。传说后稷出生以后就灵慧先知，死后化形于此泽为神。

⑦ 后稷：周人的祖先。传说为虞舜时的农官，善于种庄稼。

⑧ 榣木：比较高大粗壮的树木，它的树干上又长着若木。

⑨ 若：若木，神话中的一种树木，奇异而具有灵性。

⑩ 鹯（zhān）：鸟名，鹞鹰之类。

⑪ 搏：亦作"抟"，把分散的东西捏成团。这里是聚集的意思。

⑫ 淫水：这里指瑶水。

⑬ 洛洛：水流的声音。

⑭ 勃皇：具体不详。

【译文】

再向西三百二十里，有山叫槐江山，丘时水发源于这座山，流向北方，注入泑水。丘时水中多产蠃母，槐江山上多产石青和雄黄，多产似玉的琅玕、黄金和美玉，山的南坡多产细如粟粒一样的红沙，山的北坡蕴藏着多彩的黄金和白银。这里实在可以说是天帝的园圃，天神英招管理着它，英招的身子像马但长着人的面孔，全身长有虎皮纹，生着鸟的翅膀，巡行在四海之内，它发出的声音就像辘轳抽水的声音。在槐江山向南可以看到昆仑山，昆仑山光焰熊熊，气势恢宏。向西可以看到大泽，就是后稷所在的地方。泽中多产玉石，泽的南面生长着茂盛的粗壮高大的榣木，榣木上又长着奇异而具有灵性的若木。向北望去可以看到诸毗山，是槐鬼离仑居住之所，也是鹰与鹯等猛鸟的栖居之地。向东可以看到高有四重的恒山，是穷鬼居住的地方，穷鬼类聚群分各居一方。槐江山上有瑶水，水清荡漾，汩汩而流。槐江山还有天神，他长得很像牛，有八只脚、两个头和一条马尾巴。它的叫声如同勃皇，它一出现，当地就会发生战乱。

昆仑丘

　　西南四百里，曰昆仑之丘，实惟帝之下都①，神陆吾司之。其神状虎身而九尾，人面而虎爪；是神也，司天之九部②及帝之囿③时。有兽焉，其状如羊而四角，名曰土蝼，是食人。有鸟焉，其状如蜂，大如鸳鸯，名曰钦原，蠚鸟兽则死，蠚木则枯。有鸟焉，其名曰鹑鸟④，是司帝之百服。有木焉，其状如棠，黄华赤实，其味如李而无核，名曰沙棠，可以御水，食之使人不溺。有草焉，名曰薲草，其状如葵，其味如葱，食之已劳。河水出焉，而南流东注于无达⑤。赤水出焉，而东南流注于汜天之水。洋水出焉，而西南流注于丑涂之水。黑水出焉，而西流注于大杆⑥。是多怪鸟兽。

陆吾

【注释】

① 帝之下都：天帝在下界的都邑。
② 九部：即九域之部界。

③ 囿：古代帝王畜养禽兽的林园。
④ 鹑鸟：这里指传说中凤凰之类的鸟。
⑤ 无达：山名。
⑥ 大杅：山名。

【译文】

　　向西南四百里，有山叫昆仑丘，是天帝在下界的都邑。天神陆吾掌管着这个地方。这个神长着老虎的身子，有九条尾巴，长着人的面孔和虎的爪子。这个神啊，掌管着上天九域的部界和天帝的苑囿时节。山中有一种野兽，它的形状像羊，但长着四只角，名叫土蝼，这种野兽能吃人。山中有一种鸟，形状像蜂，如鸳鸯般大小，名叫钦原，蜇了鸟兽，鸟兽就会死；蜇了树木，树木就会干枯。还有一种鸟，它的名字叫鹑鸟，它主管着天帝日常所用的器具及服饰。山中有一种树木，它的形状像棠树，开黄色的花，结红色的果，果实的味道像李子但没有核，它的名字叫沙棠，可以防水，吃了它可以使人不沉溺。有一种草，名叫䔄草，它的形状像葵，味道像葱，吃了它可以驱除疲劳。河水发源于这座山，向南流继而向东，注入无达山的湖泊里。赤水也发源于这座山，但流向东南，注入汜天水。洋水也发源于这座山，但流向西南，注入丑涂水。发源于这座山的还有黑水，但向西流注入大杅山的湖泊。这座昆仑丘多产怪鸟和野兽。

乐游山

　　又西三百七十里，曰乐游之山。桃水出焉，西流注于稷泽，是多白玉，其中多鳛鱼，其状如蛇而四足，是食鱼。

【译文】

再向西三百七十里，有山叫乐游山。桃水发源于这座山，向西流注入稷泽，山上多产白玉，水中多产䱺鱼，它的形状像蛇但长着四只脚，是吃鱼的鱼。

嬴母山

西水行四百里，流沙二百里，至于嬴母之山，神长乘司之，是天之九德也。其神状如人而犳①尾。其上多玉，其下多青石而无水。

【注释】

① 犳：兽名，像豹子，但身上没有斑纹。

【译文】

向西水行四百里，再行二百里流沙，就到了嬴母山，天神长乘管辖着这个地方，他生于上天的九德之气。这个天神的形状像人但长着犳的尾巴。山上多产玉石，山下多产青石，但没有水。

玉　山

又西三百五十里，曰玉山，是西王母所居也。西王母其状如人，豹尾虎齿而善啸，蓬发戴胜①，是司天之厉及五残。有兽焉，其状如犬而豹文，其角如牛，其名曰狡，其音如吠犬，见则其国大穰。有鸟焉，其状如翟②而赤，名曰胜遇，是食鱼，其音如录③，见则其国大水。

【注释】

① 胜：即玉胜，玉做的首饰。
② 翟：野鸡。
③ 录：一说为"鹿"之误。

【译文】

　　再向西三百五十里，有山叫玉山，是西王母居住的处所。西王母的形状像人，却长着豹的尾巴和虎的牙齿，而且善于啸叫，蓬头乱发，戴着玉胜，掌管着上天灾厉及五刑、残杀之事。山中有一种野兽，它的形状似狗而长着豹子的花纹，它的角像牛角，名字叫狡，叫声如同狗叫，它一出现，国家就会五谷丰登。山中还有一种鸟，它的形状像野鸡，而羽毛通红，名叫胜遇，专门吃鱼，它的叫声如同鹿鸣，它一出现，国家就会发大水。

西王母

长留山

　　又西二百里，曰长留之山，其神白帝少昊①居之。其兽皆文尾，其鸟皆文首。是多文玉石。实惟员神磈氏②之宫。是神也，主司反景③。

【注释】

① 白帝少昊：即少昊金天氏，传说中的上古帝王帝挚的称号。
② 磈（wěi）氏：传说中的神名。

③ 景:通"影"。

【译文】

再向西二百里,有山叫长留山,白帝少昊神就住在这里。山上的野兽都生着有花纹的尾巴,山中的鸟都长着带有花纹的脑袋。山中还多产带有花纹的玉石。这山也是神䰳氏的行宫。这个神啊,他主管太阳没入西山时光线射向东方的反影。

章莪山

又西二百八十里,曰章莪之山,无草木,多瑶、碧①。所为甚怪。有兽焉,其状如赤豹,五尾一角,其音如击石,其名曰狰。有鸟焉,其状如鹤,一足,赤文青质而白喙,名曰毕方②,其鸣自叫也,见则其邑有讹火③。

毕方

【注释】

① 瑶、碧:瑶与碧皆为玉石。
② 毕方:传说中的鸟。
③ 讹火:怪火。

【译文】

再向西二百八十里,有山叫章莪山,山上不长草木,多产瑶与碧一类的玉石。山中经常出现一些很奇异的东西。山中有一种野兽,它的模样像红色的豹子,生着五条尾巴和一只角,发出的声音如同敲击石头,它的名字叫狰。还有一种鸟,它的模样像鹤,只有一只脚,它长着红色的斑纹、青色的身子、白色的嘴壳，它名叫毕方，它的叫声就像呼叫自己的名字，它一出现，当地就会发生怪火。

阴　山

又西三百里，曰阴山。浊浴之水出焉，而南流注于蕃泽，其中多文贝。有兽焉，其状如狸而白首，名曰天狗，其音如榴榴，可以御凶。

【译文】

再向西三百里，有山叫阴山。浊浴水发源于这座山，向南方流入蕃泽，水中多产带有花纹的贝类动物。有一种野兽，样子像狸，但长着白色的脑袋，它的名字叫天狗，能发出"榴榴"的声音，人可以畜养它用来防御凶邪。

符惕山

又西二百里，曰符惕之山，其上多棕楠，下多金玉。神江疑居之。是山也，多怪雨，风云之所出也。

【译文】

再向西二百里，有山叫符惕山，山上广布着棕树和楠树，山下多产金矿石和玉石。天神江疑居住在这里。这座山多下怪雨，是风与云会聚的地方。

三危山

又西二百二十里，曰三危之山，三青鸟①居之。是山也，广员百里。其上有兽焉，其状如牛，白身四角，其豪②如披蓑③，其名曰獓狙，是食人。有鸟焉，一首而三身，其状如鸮④，其名曰鸱。

三青鸟

【注释】

① 三青鸟：传说中专为王母取食的鸟。
② 豪：豪猪身上的刺。这里指又长又硬的毛。
③ 蓑：用来防雨淋的草衣。
④ 鸮：鸟名，与雕、鹰相似，红色的脖子，黑色的斑纹。

【译文】

再向西二百二十里，有山叫三危山，三青鸟住在这里。这座山极为广阔，方圆约百里。山上有一种野兽，它的模样像牛，身体是白色的，有四只角，身上的豪毛又长又硬，好像披着的蓑衣，它的名字叫獓狙，是一种吃人的动物。山中还有一种鸟，一个头，三个身子，形状像鸮，它的名字叫鸱。

騩 山

又西一百九十里，曰騩山，其上多玉而无石。神耆童①居之，其音常如钟磬②。其下多积蛇。

【注释】
① 耆童：又叫老童，上古帝王颛顼的儿子。
② 磬：古乐器的一种。

【译文】
再向西一百九十里，有山叫騩山，山上盛产玉但没有石头。天神耆童住在这里，他发出的声音如同敲击钟磬。山下多是成堆的蛇。

天 山

又西三百五十里，曰天山，多金玉，有青、雄黄。英水出焉，而西南流注于汤谷。有神焉，其状如黄囊①，赤如丹火，六足四翼，浑敦②无面目，是识歌舞，实为帝江③也。

【注释】
① 囊：指口袋。
② 浑敦：混混沌沌，无具体的形状。
③ 帝江：帝鸿氏，古代神话中即是黄帝。

帝江

【译文】

　　再向西三百五十里，有山叫天山，山上分布着很多的金属矿产和玉石，也有石青和雄黄。英水发源于这里，向西南流入汤谷。山中有神，他的模样像黄口袋，身上发出火红的光，长着六只脚和四只翅膀，混混沌沌看不清面目，他能歌善舞，这个神其实就是帝江。

泑　山

　　又西二百九十里，曰泑山，神蓐收①居之。其上多婴短之玉②，其阳多瑾、瑜之玉，其阴多青、雄黄。是山也，西望日之所入，其气员③，神红光之所司也。

【注释】

① 蓐（rù）收：传说中的金神，人的面孔，白色的尾巴，拿着钺掌管太阳的降落。
② 婴短之玉：一说，"短"即"脰"之误，"婴短之玉"即"婴脰之玉"，即可做脖颈饰品的玉石。
③ 员：圆满。

【译文】

　　再向西二百九十里，有山叫泑山，天神蓐收住在这里。山上多产可用来

蓐收

作为脖颈饰品的玉石。山的南面多产瑾和瑜这类玉石，山的北面多产石青和雄黄。这座山啊，向西可以看到太阳落下去的地方，它的气象恢弘圆满，天神红光掌管着这件事。

翼望山

西水行百里，至于翼望之山，无草木，多金玉。有兽焉，其状如狸，一目而三尾，名曰讙，其音如夺百①声，是可以御凶，服之已瘅②。有鸟焉，其状如乌，三首六尾而善笑，名曰鸱鸺，服之使人不厌③，又可以御凶。

【注释】

① 夺百：一说为物名，具体不详。
② 瘅（dàn）：通"疸"，即黄疸病。
③ 厌：通"魇"，即梦魇。

【译文】

向西水行一百里，便到了翼望山，山上不生草木，多产金属矿和玉石。山中有一种野兽，它的模样像狸，一个眼睛，三条尾巴，名叫讙，它的声音像夺百的叫声，它可以用来防御凶邪，人吃了它的肉可以治愈黄疸病。山中有一种鸟，它的形状像乌鸦，三个头，六条尾巴，

讙

喜欢嘻笑,名叫鹪鹩,人吃了它的肉可以不做噩梦,还可以用来防御凶邪。

崇吾山——翼望山

凡西次三山之首,自崇吾之山至于翼望之山,凡二十三山,六千七百四十四里。其神状皆羊身人面。其祠之礼,用一吉玉瘗①,糈用稷②米。

【注释】

① 瘗:埋藏,掩埋。
② 稷(jì):古代的一种食用作物粟,俗名谷子。

【译文】

纵观西方第三列山系之首尾,自崇吾山到翼望山,共有二十三座山脉,总长六千七百四十四里。这些山脉中的神都是羊的身子、人的面孔。祭祀山神的礼仪:用一块吉玉埋进地里,祭祀的精米用稷米。

上申山

又北百二十里,曰上申之山,上无草木,而多硌①石,下多榛楛②,兽多白鹿。其鸟多当扈,其状如雉,以其髯③飞,食之不眴目④。汤水出焉,东流注于河。

当扈

【注释】

① 硌(luò)：山上的大石。
② 榛楛(hù)：榛，乔木，结球形坚果，果仁可吃，也可榨油。楛，这里指荆一类的植物，茎可制箭杆。
③ 髯：咽喉下面的须毛。
④ 眴目：瞬目，眨眼。

【译文】

再向北一百二十里，有山叫上申山，山上不生草木，却有很多的大石，山下生长着很多的榛树和楛树，野兽中最多的是白鹿。山上的鸟多是当扈，它的形状像雉，这种鸟用它咽喉下的须毛代替翅膀飞翔。人吃了它的肉可以不眨眼睛。汤水发源于这座山，向东流注入黄河。

孟　山

又北二百二十里，曰孟山，其阴多铁，其阳多铜，其兽多白狼白虎，其鸟多白雉白翟。生水出焉，而东流注于河。

【译文】

再向北二百二十里，有山叫孟山，山的北坡多产铁矿石，山的南坡多产铜矿石，山中的野兽以白狼和白虎居多，山中的鸟类以白雉和白翟为多。生水发源于这座山，流向东方，注入黄河。

白於山

西二百五十里,曰白於之山,上多松柏,下多栎檀,其兽多㸲牛、羬羊,其鸟多鸮。洛水出于其阳,而东流注于渭;夹水出于其阴,东流注于生水。

【译文】

向西二百五十里,有山叫白於山,山上生长着茂密的松柏,山下分布着茂盛的栎檀,山中的野兽以㸲牛、羬羊为多,山中的鸟以鸮为主。洛水发源于这座山的南部,向东流注入渭水;夹水发源于这座山的北部,向东流注于生水。

刚　山

又西百二十里,曰刚山,多柒木①,多㻬琈②之玉。刚水出焉,北流注于渭。是多神䰰③,其状人面兽身,一足一手,其音如钦④。

【注释】

① 柒木:指漆树。
② 㻬琈:玉名。
③ 神䰰:即魑魅一类的鬼。
④ 钦:通"吟"。

神䰰

【译文】

　　再向西一百二十里,有山叫刚山,山上生长着很多漆树,还有许多的䇽琈玉。刚水发源于这座山,向北流注入渭水。山中多有神䰠,它的模样是人的面孔和野兽的身子,只有一只脚,一只手,它发出的声音就像人的呻吟声。

刚山尾

　　又西二百里,至刚山之尾。洛水出焉,而北流注于河。其中多蛮蛮①,其状鼠身而鳖首,其音如吠犬。

【注释】

① 蛮蛮:与比翼鸟同名,但这里是属于水獭之类的动物。

【译文】

　　再向西二百里就到了刚山的尾部。洛水发源于这里,向北流注入黄河。这里多产蛮蛮,它的样子是老鼠的身子、甲鱼的脑袋,它发出的声音就像狗叫。

蛮蛮兽

英鞮山

　　又西三百五十里,曰英鞮之山,上多漆木,下多金玉,鸟兽尽白。涴水出焉,而北流注于陵羊之泽。是多冉遗之鱼,鱼身蛇首六足,其目如马耳,食之使人不眯①,可以御凶。

【注释】

① 眯：梦魇，噩梦。

【译文】

再向西三百五十里，有山叫英鞮山，山上生长着很多的漆木，山下蕴藏着丰富的金属矿物和玉石，山中的鸟类和野兽都是白色的。涴水发源于这座山，流向北方，注入陵羊泽。泽中有很多叫冉遗的鱼，这种鱼长着鱼身、蛇头、六只脚，眼睛像马的耳朵，人吃了它的肉可以不做噩梦，也可以防御凶邪。

中曲山

又西三百里，曰中曲之山，其阳多玉，其阴多雄黄、白玉及金。有兽焉，其状如马而白身黑尾，一角，虎牙爪，音如鼓，其名曰䮝，是食虎豹，可以御兵。有木焉，其状如棠，而员叶赤实，实大如木瓜，名曰櫰木，食之多力。

䮝

【译文】

再向西三百里,有山叫中曲山,山的南坡多产玉石,山的北坡多产雄黄、白玉和金属矿物。有一种野兽,样子像马,白色的身子,黑色的尾巴,一只角,长着像老虎的牙和爪子,叫声像擂鼓,它的名字叫驳,能吃掉老虎和豹子,如果驯养了它,可以避免刀兵之灾。山中还有一种树木,形状像棠树,长着圆叶子,结红色的果实,果实像木瓜,它的名字叫櫰木,人如果吃了它就会增强体力。

邽 山

又西二百六十里,曰邽山。其上有兽焉,其状如牛,蝟毛,名曰穷奇,音如獆①狗,是食人。濛水出焉,南流注于洋水,其中多黄贝,蠃鱼,鱼身而鸟翼,音如鸳鸯,见则其邑大水。

【注释】

① 獆:指野兽的嗥叫。

【译文】

再向西二百六十里,有山叫邽山。山上有一种野兽,它的样子像牛,长着刺毛,名字叫穷奇,发出的声音就像嗥叫的狗,能够吃人。濛水发源于这座山,向南流注入洋水,水中有很多的黄贝,也有很多的蠃鱼,这种鱼有着鱼的身子、鸟的翅膀,声如鸳鸯鸣叫,它一出现,那个地方就会发生大水灾。

穷奇

鸟鼠同穴山

又西二百二十里,曰鸟鼠同穴之山①,其上多白虎、白玉。渭水出焉,而东流注于河。其中多鳋鱼,其状如鳝鱼②,动则其邑有大兵。滥水出于其西,西流注于汉水,多䱇魮之鱼,其状如覆铫③,鸟首而鱼翼鱼尾,音如磬石之声,是生珠玉。

【注释】

① 鸟鼠同穴之山:即这座山鸟鼠同穴。据说这种鸟是䳚,鼠是鼵。䳚像燕子,而长着黄色的羽毛。鼵像家鼠,短尾巴,它们能穿地几尺深。鼠在洞穴的里面住,鸟在靠近外面的洞穴住,和平共处,相安无事。

② 鳝鱼:一种大鱼,嘴在颌的下面,身体上有甲。

③ 铫(diào):一种大口、有柄、有流嘴的烹煮器。

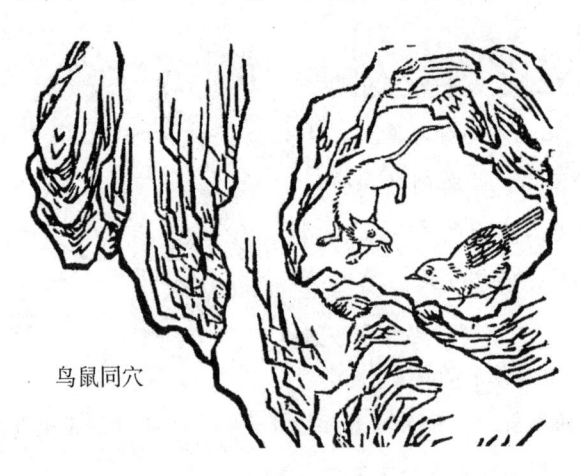

鸟鼠同穴

【译文】

再向西二百二十里,有山叫鸟鼠同穴山,山上有很多的白虎,还有很多的白色玉石。渭水发源于这座山,流向东方,注入黄河。水中多产鳋鱼,形状就像鳝鱼,这种鱼一出动,那个地方就会发生大的兵灾。滥水发源于这座山的西部,向西流注入汉水,水中多产䱥鮎鱼,这鱼的形状就像覆倒的铫,长着鸟的脑袋、鱼的翅膀和尾巴,发出的声音就像敲击磬石,这鱼的身体里能够生长珍珠和玉石。

崦嵫山

西南三百六十里,曰崦嵫之山①,其上多丹木,其叶如榖,其实大如瓜,赤符②而黑理,食之已瘅,可以御火。其阳多龟,其阴多玉。苕水出焉,而西流注于海,其中多砥砺③。有兽焉,其状马身而鸟翼,人面蛇尾,是好举人,名曰孰湖。有鸟焉,其状如鸮而人面,蜼④身犬尾,其名自号也,见则其邑大旱。

【注释】

① 崦(yān)嵫(zī)之山:传说崦嵫山是太阳落入的地方,下有蒙水,水中有虞渊。
② 符:通"柎",花萼。
③ 砥砺:磨刀的石头。
④ 蜼:猕猴一类的动物。

孰湖

【译文】

往西南三百六十里,有座崦嵫山,山上有很多的丹树,它的叶子像构树的叶,它结的果实像瓜一样大,红色的花萼带有黑色的纹理,人吃了它可以治愈黄疸病,还可以防御火灾。山的南坡有很多的龟,山的北坡有很多的玉石。苕水发源于这座山,流向西方注入大海,水中多产磨刀的石头。有一种野兽,它的模样是马的身子、鸟的翅膀、人的面孔、蛇的尾巴,它喜欢抱举人,名字叫孰湖。山里还有一种鸟,它的形状像鸮鸟,长着人的面孔、蜼的身子、狗的尾巴,它的名字就是它叫的声音,它出现在哪个地方,哪个地方就会发生大旱灾。

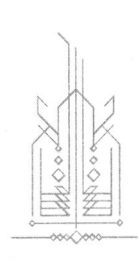

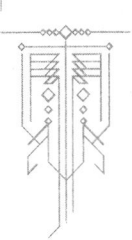

山海经第三 北山经

求如山

又北二百五十里，曰求如之山，其上多铜，其下多玉，无草木。滑水出焉，而西流注于诸㱀之水。其中多滑鱼，其状如鳝①，赤背，其音如梧②，食之已疣③。其中多水马，其状如马，文臂牛尾，其音如呼。

【注释】

① 鳝（shàn）：即黄鳝。
② 梧：枝梧，即"支吾"，说话含混躲闪或用话搪塞。
③ 疣：皮肤上长出的跟正常皮肤颜色相同的肉赘，也叫瘊子。

【译文】

再向北二百五十里，有山叫求如山，山上多产铜矿，山下多产玉石，不生草木。滑水发源于这座山，流向西方，注入诸㱀水。水中多产滑鱼，它的形状像黄鳝，背是红色的，声音如人的支吾声，吃了它的肉可以治愈赘瘤。滑水里还多产水马，它的样子像马，前腿长有花纹，长着一条牛尾巴，发出的声音像人的呼叫声。

带 山

又北三百里，曰带山，其上多玉，其下多青碧。有兽焉，其状如马，一角有错①，其名曰䑏疏，可以辟火。有鸟焉，其状如乌，五采而赤文，名曰鹎鸰，是自为牝牡，食之不疽②。彭水出焉，而西流注于芘湖之水，其中多儵鱼③，其状如鸡而赤毛，三尾六足四首，其音如鹊，食之可以已忧。

【注释】

① 错：通"厝（cuò）"，磨刀的石头。
② 疽：痈疽病。
③ 儵（yóu）鱼：一种奇鱼。

【译文】

再向北三百里，有座带山，山上多产玉石，山下多产青碧。山中有一种野兽，它的样子像马，长着一只磨刀石一样的角，它的名字叫臚疏，可以用它来防避火灾。山中还有一种鸟，形状像乌鸦，长着五彩的羽毛和红色的斑纹，它的名字叫鹞鸰，它自为雄雌，吃了它可以不生痈疽病。彭水发源于这座山，流向西方，注入芘湖水，水中多产儵鱼，它的形状像鸡，长着红色的毛，三条尾巴，六只脚，四个脑袋，它的叫声像喜鹊，吃了它的肉可以忘掉忧愁。

臚疏

鹞鸰

谯明山

又北四百里,曰谯明之山。谯水出焉,西流注于河。其中多何罗之鱼,一首而十身,其音如吠犬,食之已痈。有兽焉,其状如貆①而赤豪②,其音如榴榴,名曰孟槐,可以御凶。是山也,无草木,多青、雄黄。

【注释】

① 貆(huán):豪猪。
② 豪:较细的毛。

【译文】

再向北四百里,有座谯明山。谯水发源于这座山,流向西方,注入黄河。谯水中多产何罗鱼,一个头,十个身子,它的声音就像狗叫,吃了它可以治愈痈疮。有一种野兽,它的形状像貆,长着红色的细毛,它的叫声就像辘轳抽水的声音,名字叫孟槐,可以用来防御凶灾。这座山,不生草木,多产石青和雄黄。

涿光山

又北三百五十里,曰涿光之山。嚣水出焉,而西流注于河。其中多鳛鳛之鱼,其状如鹊而十翼,鳞皆在羽端,其音如鹊,可以御火,食之不瘅。其上多松柏,其下多棕橿,其兽多麢羊,其鸟多蕃①。

【注释】

① 蕃：一说为"鸮"，即猫头鹰之类的鸟。

【译文】

再向北三百五十里，有座涿光山，嚣水发源于这座山，流向西方注入黄河。嚣水中多产鳛鳛鱼，它的形状像喜鹊而长着十个翅膀，鱼鳞都长在羽毛的顶端，它叫的声音也像喜鹊，畜养它可用来防御火灾，吃了它的肉可以不生瘅病。这座山上分布着很多松树和柏树，而山下分布着很多的棕榈，山中的野兽以羬羊为多，鸟以蕃鸟为众。

虢 山

又北三百八十里，曰虢山，其上多漆，其下多桐椐①。其阳多玉，其阴多铁。伊水出焉，西流注于河。其兽多橐驼②，其鸟多寓③，状如鼠而鸟翼，其音如羊，可以御兵。

【注释】

① 桐椐：桐：即梧桐。椐：樻木，树上多长关节，可以制作拐杖。
② 橐（tuó）驼：骆驼的一种，有肉鞍，善于在沙漠中行走，可以背负千斤重的东西，日行三百多里，并且能够知道水泉所在的地方。
③ 寓：蝙蝠之类的鸟类。

寓鸟

【译文】

再向北三百八十里，有山叫虢山，山上多产漆树，山下多产桐树和椐树。山的南坡多产玉石，山的北坡多产铁矿。伊水发源于这座山，流向西方，注入黄河。山中的野兽以橐驼居多，鸟多是寓鸟，它的形状像老鼠，但长着鸟的翅膀，它发出的声音像羊叫，可以用来防御兵祸。

丹熏山

又北二百里，曰丹熏之山，其上多樗柏，其草多韭韰^①，多丹雘。熏水出焉，而西流注于棠水。有兽焉，其状如鼠，而菟^②首麋身，其音如獓犬，以其尾飞，名曰耳鼠，食之不睬^③，又可以御百毒。

【注释】

① 韰（xiè）：同"薤"，一种野菜。
② 菟（tù）：通"兔"。
③ 睬（cǎi）：大肚子病，即腹胀。

耳鼠

【译文】

再向北二百里，有山叫丹熏山，山上多产樗树和柏树，草以薤居多，又多产丹雘。熏水发源于这座山，向西流注入棠水。山中有一种野兽，它的形状像老鼠，长着兔子的脑袋、麋鹿的身子，声音像狗叫，以尾巴作翅膀来飞行，它的名字叫耳鼠，吃了它的肉可以不生腹胀病，又可以防御百毒。

石者山

又北二百八十里，曰石者之山，其上无草木，多瑶碧。泚水出焉，西流注于河。有兽焉，其状如豹，而文题①白身，名曰孟极，是善伏②，其鸣自呼。

【注释】

① 题："额"字，即额头。
② 善伏：善于隐藏。

【译文】

再向北二百八十里，有座石者山，山上不生草木，多产瑶、碧一类的玉石。泚水发源于这座山，向西流注入黄河。山中有一种野兽，它的形状像豹子，长着有花纹的额头，白色的身子，它的名字叫孟极。这种野兽善于隐藏，它的叫声就像呼叫它自己的名字。

边春山

又北百一十里，曰边春之山，多葱①、葵、韭、桃②、李。杠水出焉，而西流注于泑泽。有兽焉，其状如禺而文身，善笑，见人则卧③，名曰幽鴳，其鸣自呼。

【注释】

① 葱：山葱，又名茖。

② 桃：山桃，又名櫾桃。果子很小，果肉与核相连。
③ 卧：佯装睡眠。

【译文】

又向北一百一十里，有山叫边春山，多产葱、葵、韭、桃树和李树。杠水发源于这座山，向西流注入泑泽。山中有一种野兽，它的形状像猴子，身上却布满花纹，喜欢笑，见人就佯装睡眠，名字叫幽鴳，它的叫声就像呼叫它自己的名字。

蔓联山

又北二百里，曰蔓联之山，其上无草木，有兽焉，其状如禺而有鬣，牛尾、文臂、马蹄，见人则呼，名曰足訾，其鸣自呼。有鸟焉，群居而朋飞，其毛如雌雉，名曰䴅，其鸣自呼，食之已风。

足訾

【译文】

再向北二百里，有山叫蔓联山，山上不生草木，山中有一种野兽，它的样子像猴子却有鬣毛，长着牛的尾巴、有花纹的臂膀和马的蹄足，看到人就呼叫，它的名字叫足訾，它的叫声就像呼叫它自己的名字。山中又有一种鸟，成群地住在一起，结伴飞行，它的羽毛和雌雉的很相似，名字叫䴅，它的叫声如同叫它自己的名字，吃了它的肉可以治愈中风。

单张山

又北百八十里，曰单张之山，其上无草木。有兽焉，其状如豹而长尾，人首而牛耳，一目，名曰诸犍，善吒，行则衔其尾，居则蟠其尾。有鸟焉，其状如雉，而文首、白翼、黄足，名曰白鵺，食之已嗌①痛，可以已癙②。栎水出焉，而南流注于杠水。

【注释】

① 嗌：咽喉。
② 癙：痴病，精神失常。

【译文】

再向北一百八十里，有山叫单张山，山上不生草木。山中有一种野兽，它的模样像豹而生着一条长长的尾巴，长着人的脑袋、牛的耳朵，一只眼睛，名曰诸犍，喜欢吼叫，走路时衔起自己的尾巴，睡觉时盘起自己的尾巴。山中还有一种鸟，它的形状像野鸡，长着有花纹的头、白翅膀、黄爪子，名叫白鵺，吃了它可以治疗咽喉病痛，还可以治疗痴病。栎水发源于这座山，向南流注入杠水。

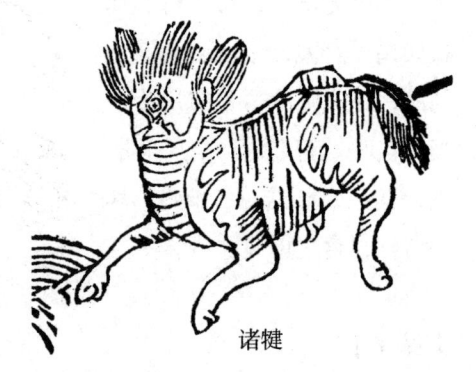

诸犍

灌题山

又北三百二十里，曰灌题之山，其上多樗柘①，其下多流沙，多砥。有兽焉，其状如牛而白尾，其音如讦②，名曰那父。有鸟焉，其状如雌雉而人面，见人则跃，名曰竦斯，其鸣自呼也。匠韩之水出焉，而西流注于泑泽，其中多磁石。

【注释】

① 樗柘：樗：臭椿，乔木，叶子有味，根皮可以入中医。柘：灌木或乔木，叶子可以喂蚕，木材质坚而致密，是贵重的木材。
② 讦：大呼大叫。

【译文】

再向北三百二十里，有山叫灌题山，山上多产樗树和柘树，山下有很多的流沙，还有很多磨刀石。山中有一种野兽，它的模样像牛而长着白色的尾巴，它的声音像大声呼叫，它的名字叫那父。山中还有一种鸟，它的模样像雌野鸡而长着人的面孔，看见人就会跳跃，它的名字叫竦斯，叫的声音就像是呼叫它自己的名字。匠韩水发源于这座山，流向西方，注入泑泽，水中有很多的磁石。

大咸山

北二百八十里，曰大咸之山，无草木，其下多玉。是山也，四方，不可以上。有蛇名曰长蛇，其毛如彘豪，其音如鼓柝①。

【注释】

① 鼓柝（tuò）：鼓：敲击。柝：古代巡夜时敲的一种木梆子。

【译文】

向北二百八十里，有山叫大咸山，山上不生草木，山下有很多的玉石。这座山，四四方方，无法攀登。有蛇名叫长蛇，它的毛如猪的鬃毛，发出的声音如同敲击梆子。

长蛇

敦薨山

又北三百二十里，曰敦薨之山，其上多棕楠，其下多茈草①。敦薨之水出焉，而西流注于泑泽。出于昆仑之东北隅，实是河原。其中多赤鲑②，其兽多兕、旄牛，其鸟多鸤鸠③。

【注释】

① 茈（zǐ）草：即紫草。全株有糙硬的毛，根粗壮，外表暗紫色。含紫草素，可作紫色染料，也可供药用。

② 赤鲑：鱼的一种。

③ 鸤鸠：一说鸤鸠即尸鸠，布谷鸟。

【译文】

再向北三百二十里，有山叫敦薨山，山上生长着很多棕树与楠树，山下则生长着很多的茈草。敦薨水发源于这座山，向西流注入泑泽。泑泽位于昆仑山的东北角，实在可以说是黄河的源头。泽中多产红色的鲑。山上的兽以兕、牦牛居多，山中的鸟主要是布谷鸟。

少咸山

又北二百里，曰少咸之山，无草木，多青碧。有兽焉，其状如牛，而赤身、人面、马足，名曰窫窳①，其音如婴儿，是食人。敦水出焉，东流注于雁门之水，其中多䱉䱉②之鱼，食之杀人。

【注释】
① 窫（yà）窳（yǔ）：传说中一种吃人的怪兽。
② 䱉䱉：即鲖鱼，又叫江豚。

【译文】
再向北二百里，有山叫少咸山，山上不生草木，多产青碧。山中有一种野兽，它的模样像牛，但长着红色的身子、人的面孔、马的蹄子，名叫窫窳，声音如同婴儿啼哭，这种兽会吃人。敦水发源于这座山，向东流注入雁门水，水中多产䱉䱉鱼。这种鱼有毒，人吃了它就会被毒死。

狱法山

又北二百里，曰狱法之山。瀤泽之水出焉，而东北流注于泰泽。其中多鱲鱼，其状如鲤而鸡足，食之已疣。有兽焉，其状如犬而人面，善投，见人则笑，其名曰山䍙，其行如风，见则天下大风。

【译文】

再向北二百里,有山叫狱法山。瀤泽水发源于这座山,而向东北流注入泰泽。泽中多产䱤鱼,它的模样像鲤鱼但长着鸡一样的爪子,人吃了它可以治愈赘瘤。山中有一种野兽,它的模样像狗但长着人的面孔,善于投掷,见了人就笑,它的名字叫山㹨,它走起路来像风一样快,它一出现天下就会刮起大风。

山㹨

北岳山

又北二百里,曰北岳之山,多枳棘①刚木②。有兽焉,其状如牛,而四角、人目、彘耳,其名曰诸怀,其音如鸣雁,是食人。诸怀之水出焉,而西流注于嚣水,水中多鮨鱼,鱼身而犬首,其音如婴儿,食之已狂③。

诸怀

【注释】

① 棘(jí):棘木,即酸枣树。
② 刚木:檀木、柘木之类木质非常坚硬的树。

③ 狂：癫狂，发疯，精神失常。

【译文】

再向北二百里，有座北岳山，山上生长着很多的枳木、棘木和刚木。山中有一种野兽，它的模样像牛，但有四只角，长着人的眼睛、猪的耳朵，它的名字叫诸怀，它的叫声就像雁鸣，这种兽能吃人。诸怀水发源于这座山，向西流注入嚣水，水中多产鮨鱼，这种鱼长着鱼的身子、狗的脑袋，发出的声音如同婴儿啼哭，吃了它的肉可以治疗疯狂病。

浑夕山

又北百八十里，曰浑夕之山，无草木，多铜玉。嚣水出焉，而西北流注于海。有蛇一首两身，名曰肥遗，见则其国大旱。

【译文】

再向北一百八十里是浑夕山，山上不生草木，多产铜矿和玉石。嚣水发源于这座山，向西流注入大海。山中有一种蛇，一个脑袋，两个身子，名叫肥遗，它一出现，天下就会发生大旱灾。

隄　山

又北百七十里，曰隄山，多马。有兽焉，其状如豹而文首，名曰狕。隄水出焉，而东流注于泰泽，其中多龙龟①。

【注释】

① 龙龟：即龙与龟。另一说，是一种动物，龙种龟身，名叫吉吊。

【译文】

再向北一百七十里，有座隄山，多产马。山中有一种野兽，它的模样像豹子，而长着有花纹的脑袋，它的名字叫㺍。隄水发源于这座山，向东流注入泰泽，水中多产龙龟。

单狐山——隄山

凡北山之首，自单狐之山至于隄山，凡二十五山，五千四百九十里，其神皆人面蛇身。其祠之，毛用一雄鸡彘瘗，吉玉用一珪，瘗而不糈。其山北人，皆生食不火之物。

【译文】

总计北方第一列山系之首尾，从单狐山到隄山，共有二十五座山，总长五千四百九十里，各山的山神都是人的面孔、蛇的身子。祭祀它们的典礼是，毛物用一只公鸡和一只猪一同埋入地下，祭祀神的吉玉用一块珪，只是埋藏，不需用精米祀神。居住在山北边的人，都是吃一些不用火烧烤的生的食物。

人面蛇身神

县雍山

又北五十里，曰县雍之山，其上多玉，其下多铜，其兽多闾①、麢，其鸟多白翟②、白䳑③。晋水出焉，而东南流注于汾水。其中多鮆鱼，其状如儵而赤鳞，其音如叱，食之不骚。

【注释】

① 䴠：古人认为是羬，角像羚羊的角，体似驴，而蹄子歧分，又名山驴、驴羊。
② 白翟：白色的长尾野鸡。
③ 白䳑：一说即白翰鸟。

【译文】

再向北五十里，有山叫县雍山，山上多产玉石，山下多产铜矿，山中的野兽以䴠、麢为多，山中的鸟以白翟、白䳑为多。晋水发源于这座山，向东南流注入汾水。水中多产鮆鱼，它的形状像儵而长着红色的鳞，它发出的声音就像大声呵斥，吃了它的肉可以不生狐骚病。

敦头山

又北三百五十里，曰敦头之山，其上多金玉，无草木。旄水出焉，而东流注于邛泽。其中多𬴊马，牛尾而白身，一角，其音如呼。

【译文】

再向北三百五十里，有山叫敦头山，山上多产金属矿产和玉石，但不生草木。旄水发源于这座山，向东流注入邛泽。山中多产𬴊马，长着牛的尾巴，身子是白色的，有一只角，叫声就如同呼喊。

钩吾山

又北三百五十里，曰钩吾之山，其上多玉，其下多铜。有兽焉，其状如羊身人面，其目在腋下，虎齿人爪，其音如婴儿，名曰狍鸮①，是食人。

【注释】

① 狍鸮：一种怪兽，极为贪婪，能吃人，在吃不尽时还把人身体的各个部位咬碎。

【译文】

再向北三百五十里，有山叫钩吾山，它的上面多产玉石，山下多产铜矿。山中有一种野兽，它的形状像羊，但长着人的面孔，眼睛长在腋下，长着虎的牙齿、人的手，发出的声音就像婴儿啼哭，它的名字叫狍鸮，这种野兽能吃人。

狍鸮

北嚣山

又北三百里，曰北嚣之山，无石，其阳多碧，其阴多玉。有兽焉，其状如虎，而白身、犬首、马尾、彘鬣，名曰独狢。有鸟焉，其状如乌，人面，名曰𪆻䳜，宵飞而昼伏，食之已暍①。涔水出焉，而东流注于邛泽。

【注释】

① 暍（yē）：中暑，伤暑。

【译文】

再向北三百里，有山叫北嚻山，山上没有石头，山的南坡多产碧玉，山的北坡多产玉石。山中有一种野兽，它的模样像虎，全身白毛，长着狗的脑袋、马的尾巴、猪的鬃毛，名叫独狢。山中还有一种鸟，它的模样像乌鸦，但长着人的面孔，名叫䳅鹍，它晚上飞翔，白天隐伏，人吃了它的肉可以治愈中暑。涔水发源于这座山，向东流注入邛泽。

梁渠山

又北三百五十里，曰梁渠之山，无草木，多金玉。脩水出焉，而东流注于雁门，其兽多居暨，其状如彙①而赤毛，其音如豚。有鸟焉，其状如夸父②，四翼、一目、犬尾，名曰嚣，其音如鹊，食之已腹痛，可以止衕③。

居暨

【注释】

① 彙（huì）：据说像老鼠的一种动物，毛像刺猬的刺一样坚硬。
② 夸父：即举父，一种像狝猴的野兽。
③ 衕：病名，腹泻。

【译文】

再向北三百五十里，有山叫梁渠山，山上不生草木，多产金属矿产和玉石。脩水发源于这座山，向东流注入雁门，这里的野兽以居暨为多，它的模样像彙而长着红色的毛，它发出的声音像猪叫。山中有一种鸟，它的模样像夸父，有四只翅膀、一只眼睛，长着狗的尾巴，名叫嚣，它的声音像喜鹊的鸣叫，吃了它的肉可以治疗腹痛病，可以制止腹泻。

管涔山——敦题山

凡北次二山之首，自管涔之山至于敦题之山，凡十七山，五千六百九十里。其神皆蛇身人面。其祠：毛用一雄鸡、彘瘗；用一璧一珪，投而不糈。

【译文】

总计北方第二列山系之首尾，从管涔山到敦题山，共有十七座山，总长五千六百九十里。诸山山神都是蛇的身子，人的面孔。祭祀它们的礼节是：毛物用一只公鸡和猪埋于地下；用一块璧和一块珪投于山中，不用精米。

太行山·归山

北次三山之首，曰太行之山。其首曰归山，其上有金玉，其下有碧。有兽焉，其状如麢羊而四角，马尾而有距，其名曰䭴，善还①，其名自訆。有鸟焉，其状如鹊，白身、赤尾、六足，其名曰鹨，是善惊，其鸣自詨②。

【注释】

① 还：盘旋而舞的意思。
② 詨：呼，叫。

【译文】

北方第三列山系的开始是太行山。太行山之首是归山，山上多产金属矿产和玉石，山下产有碧玉。山中有一种野兽，它的模样像羚羊，却长着马的尾巴和鸡的爪子，它的名字叫䭴，善于盘旋而舞，它的叫声就是它的名字。山中还有一种鸟，它的模样像喜鹊，有着长满白色羽毛的身子和红色的尾巴，六只脚，它的名字叫鹨，这种鸟极警觉，它的叫声就是它自己的名字。

马成山

又东北二百里，曰马成之山，其上多文石，其阴多金玉。有兽焉，其状如白犬而黑头，见人则飞，其名曰天马，其鸣自訆。有鸟焉，其状如乌，首白而身青、足黄，是名曰鹍鹍。其鸣自詨，食之不饥，可以已寓①。

【注释】

① 寓：一说寓为"瘑"字的假借字，即疣，肉瘤。

【译文】

再向东北二百里，有山叫马成山，山上多产带有花纹的石头，山的北坡多产金属矿产和玉石。山中有一种野兽，它的模样像白狗，却长着黑色的脑袋，看见人就会飞跑，它的名字叫天马，它的鸣叫声就像是叫它自己的名字。山中还有一种鸟，它的模样像乌鸦，长着白色的脑袋，满身的青毛，黄色的脚，它的名字叫鹍鹍。它的鸣叫声也像是叫它自己的名字，吃了它的肉不会感到饥饿，还可以治疗身上的肉瘤。

天池山

又东北二百里，曰天池之山，其上无草木，多文石。有兽焉，其状如兔而鼠首，以其背飞，其名曰飞鼠。渑水出焉，潜于其下，其中多黄垩。

飞鼠

【译文】

再向东北二百里，有山叫天池山，山上不生草木，多产有花纹的石头。山中有一种野兽，它的模样像兔子但长着老鼠的脑袋，它用背上的毛来飞行，它的名字叫飞鼠。渑水发源于这座山，潜流在山下，水中有很多的黄垩土。

阳 山

又东三百里，曰阳山，其上多玉，其下多金铜。有兽焉，其状如牛而赤尾，其颈䘆①，其状如句瞿②，其名曰领胡，其鸣自詨，食之已狂。有鸟焉，其状如雌雉，而五采以文，是自为牝牡，名曰象蛇，其鸣自詨。留水出焉，而南流注于河。其中有鲐父之鱼，其状如鲋鱼，鱼首而彘身，食之已呕。

【注释】

① 䘆：肉瘤。

② 句（gōu）瞿：斗。

鲐父鱼

【译文】

再向东三百里，有山叫阳山，山上多产玉石，山下多产金属矿石和铜矿石。山中有一种野兽，它的模样像牛但尾巴是红色的，它的颈上长着如斗的肉瘤，名叫领胡，它鸣叫的声音就像是呼叫它自己的名字，吃了它的肉可以治疗癫狂病。山中还有一种鸟，它的模样像雌野鸡，身上长着五彩的羽毛，自己雌、雄兼具，它的名字叫象蛇，它鸣叫的声音也像是呼叫它自己的名字。留水发源于这座山，向南流注入黄河。水中有很多䱤父鱼，它的模样像鲋鱼，鱼头、猪身，吃了它可以治疗呕吐。

景　山

又南三百里，曰景山，南望盐贩之泽，北望少泽。其上多草、藷藇①，其草多秦椒②。其阴多赭③，其阳多玉。有鸟焉，其状如蛇，而四翼、六目、六足，名曰酸与，其鸣自詨，见则其邑有恐。

【注释】

① 藷藇：一种根像羊蹄的植物，可以食用，即今天的山药。
② 秦椒：一种草，叶子细长，所结的果实像花椒。
③ 赭：红褐色，这里一说为赭色的土。

【译文】

再向南三百里，有山叫景山，站在景山之顶，向南可以看到盐贩泽，向北可以看到少泽。山上长有很多的草和藷藇，草中又以秦椒为多。山的北坡多是红褐色的土，南部多产玉石。山中有一种鸟，它的模样像蛇，但长着四个翅膀、六只眼睛、六只脚，名叫酸与，它叫的声音就像是呼叫它自己的名字，它出现在哪个地方，哪个地方的人便会惊恐慌张。

酸与

小侯山

又东百八十里,曰小侯之山。明漳之水出焉,南流注于黄泽。有鸟焉,其状如乌而白文,名曰鸪鹠,食之不灂①。

【注释】
① 灂:闭眼睛,这里指眨眼病。

【译文】
再向东一百八十里,有山叫小侯山。明漳水发源于这座山,向南流去,注入黄泽。山中有一种鸟,它的模样像乌鸦,但长着白色的羽纹,它的名字叫鸪鹠,吃了它的肉可以不患眨眼病。

轩辕山

又东北二百里,曰轩辕之山,其上多铜,其下多竹。有鸟焉,其状如枭而白首,其名曰黄鸟,其鸣自詨,食之不妒。

【译文】
再向东北二百里,有山叫轩辕山,山上多产铜矿,山下多产竹子。山中有一种鸟,它的模样像枭,但长着白色的脑袋,它的名字叫黄鸟,它的叫声就是呼叫自己的名字,吃了它的肉可以不生嫉妒之心。

神囷山

又北三百里，曰神囷之山，其上有文石，其下有白蛇，有飞虫。黄水出焉，而东流注于洹。滏水出焉，而东流注于欧水。

【译文】

再向北三百里，有山叫神囷山，山上有一些带有花纹的石头，山下有很多白色的蛇，还有能飞的虫子。黄水发源于这座山，向东流注入洹水。滏水也发源于这座山，向东流注入欧水。

发鸠山

又北二百里，曰发鸠之山，其上多柘木。有鸟焉，其状如乌，文首、白喙、赤足，名曰精卫，其鸣自詨。是炎帝①之少女，名曰女娃，女娃游于东海，溺而不返，故为精卫。常衔西山之木石，以堙②于东海。漳水出焉，东流注于河。

精卫

【注释】

① 炎帝：又称神农氏，传说是上古的帝王。
② 堙：堵塞，填埋。

【译文】

再向北二百里，有山叫发鸠山，山上多产柘树。山中有一种鸟，它的模样像乌鸦，长着有花纹的脑袋、白色的嘴壳、红色的爪子，名叫精卫，它叫的声音就像是叫它自己的名字。这是炎帝的小女儿女娃变的，女娃在东海游玩，溺水而死不能回家，所以化为精卫。它常常用嘴衔西山的小树枝、小石子投入东海，想把东海填平。漳水发源于这座山，向东流注入黄河。

绣　山

又北百里，曰绣山，其上有玉、青碧，其木多栒①，其草多芍药、芎䓖②。洧水出焉，而东流注于河，其中有鱯、黾③。

【注释】

① 栒：树名，古代常用栒树的树干做拐杖。
② 芎䓖：川芎一类的药材。
③ 鱯（hù）、黾（měng）：鱯：一种鱼，与鲇鱼相似，但体形较大，白色。黾：蛙类的一种，形体小，似虾蟆，皮肤为青色。

【译文】

再向北一百里，有山叫绣山，山上产有玉石、青玉和碧玉，山上的树木以栒木为多，山中的花草以芍药、芎䓖为多。洧水发源于这座山，向东流注入黄河，水中生长着鱯鱼和蛙类。

泰戏山

又北三百里，曰泰戏之山，无草木，多金玉。有兽焉，其状如羊，一角一目，目在耳后，其名曰䍶䍶，其鸣自讪。虖沱之水出焉，而东流注于溇水。液女之水出于其阳，南流注于沁水。

䍶䍶

【译文】

再向北三百里，有山叫泰戏山，山上不生草木，多产金属矿和玉石。山中有一种野兽，它的模样像羊，但长着一只角、一只眼，眼睛又长在耳朵的后面，它的名字叫䍶䍶，它的叫声就是它自己的名字。虖沱水发源于这里，向东流注入溇水。液女水发源于这座山的南面，向南流注入沁水。

饶　山

又北山行五百里，水行五百里，至于饶山。是无草木，多瑶碧，其兽多橐驼①，其鸟多鹠②。历虢之水出焉，而东流注于河，其中有师鱼③，食之杀人。

【注释】

① 橐驼：即骆驼。
② 鹠（liú）：鸟的一种，一说鸺鹠，善于捕食鼠、兔等。
③ 师鱼：即鲵鱼，人鱼。

【译文】

再向北行进五百里山路，又走五百里水路，便到了饶山。山上没有草木，多产瑶和碧等美玉，山中的兽类多为橐驼，山中的鸟以鹠居多。历虢水发源于这座山，向东流注入黄河，水中生有师鱼，人如果吃了这种鱼，就会中毒而死。

乾 山

又北四百里，曰乾山，无草木，其阳有金玉，其阴有铁而无水。有兽焉，其状如牛而三足，其名曰獂，其鸣自詨。

【译文】

再向北四百里，有山叫乾山，山上不生草木，山的南坡有金属矿产和玉石，山的北坡有铁矿但没有水源。山中有一种野兽，它的样子像牛但生着三只脚，它的名字叫獂，它叫的声音就是它自己的名字。

獂

伦　山

又北五百里，曰伦山。伦水出焉，而东流注于河。有兽焉，其状如麋，其川①在尾上，其名曰羆九。

【注释】
① 川：一说为"州"字之误，意为窍，即肛门的意思。

【译文】
再向北五百里，有山叫伦山。伦水发源于这座山，向东流注入黄河。山中有一种野兽，它的样子像麋鹿，肛门生在尾巴上，它的名字叫羆九。

镎于毋逢山

又北五百里，曰镎于毋逢之山，北望鸡号之山，其风如飓①。西望幽都之山，浴水出焉。是有大蛇，赤首白身，其音如牛，见则其邑大旱。

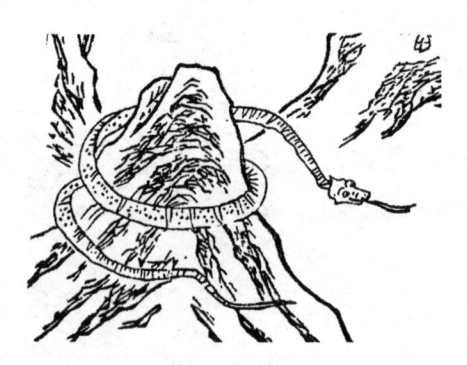

大蛇

【注释】

① 飈：风急的样子。

【译文】

再向北五百里，有山叫錞于毋逢山，向北望，可看到鸡号山，山上的急风可阵阵吹来。向西望，可以看到幽都山，浴水从这座山发源而去。錞于毋逢山上产大蛇，红色的头，白色的身子，它叫的声音像牛吼，它一出现，那个地方就会发生大旱。

太行山——毋逢山

凡北次三山之首，自太行之山以至于毋逢之山①，凡四十六山，万二千三百五十里。其神状皆马身而人面者廿②神。其祠之，皆用一藻茝③瘗之。其十四神状皆彘身而载④玉。其祠之，皆玉，不瘗。其十神状皆彘身而八足蛇尾。其祠之，皆用一璧瘗之。大凡四十四神，皆用稌糈米祠之。此皆不火食。

【注释】

① 毋逢之山：即錞于毋逢山。
② 廿：即二十。
③ 藻茝：藻：聚藻，一种香草。茝：也是一种香草。一说"藻茝"即"藻珪"之误。。
④ 载：通"戴"。

【译文】

总计北方第三列山系之首尾，从太行山开始直到錞于毋逢山，共有四十六座山脉，总长一万二千三百五十里。其中有二十座山的山神都长着马一样的身子、人一样的面孔。祭祀他们的礼仪是用一个藻珪埋入地下。山中还有十四个神，他们都长着猪的身子，头上戴着美玉。祭祀他们的礼仪都用玉，但不埋藏。还有十个神，都是猪的身子，但长着八只脚和蛇的尾巴。祭祀他们的礼仪都是用一块玉石埋入地下。所有这四十四个神，都用精白米祭祀他们，参加这项祭祀活动的人都吃未经火烤的食物。

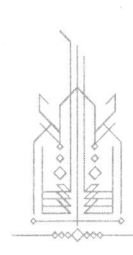

山海经第四　东山经

橄檖山

东山之首,曰橄檖之山,北临乾昧。食水出焉,而东北流注于海。其中多鱅鱅之鱼,其状如犁牛^①,其音如彘鸣。

【注释】
① 犁牛:生有虎纹一样皮毛的牛。

【译文】
东方第一列山系的头一座山是橄檖山,北面相邻的是乾昧山。食水发源于这座山,向东北流注入大海。水中多产鱅鱅鱼,样子像犁牛,它的叫声就像猪叫。

鱅鱅鱼

蘦　山

又南三百里，曰蘦山，其上有玉，其下有金。湖水出焉，东流注于食水，其中多活师①。

【注释】
① 活师：即蝌蚪，青蛙的幼虫。

【译文】
再向南三百里，有山叫蘦山，山上产有玉石，山下产有金属矿物。湖水发源于这座山，向东流注入食水，水中有很多的蝌蚪。

枸状山

又南三百里，曰枸状之山，其上多金玉，其下多青碧石。有兽焉，其状如犬，六足，其名曰从从，其鸣自詨。有鸟焉，其状如鸡而鼠毛，其名曰𪃑鼠，见则其邑大旱。泚水出焉，而北流注于湖水。其中多箴①鱼，其状如鯈，其喙如箴，食之无疫疾。

【注释】
① 箴：通"针"。

【译文】
再向南三百里，有山叫枸状山，山上多产金属矿产和玉石，山下多产青色的石

从从

头。山上有一种野兽，它的形状类似狗，六只脚，名叫从从，它的叫声就是它的名字。山上还有一种鸟，它的模样像鸡却长着与老鼠一样的毛，名叫蛮鼠，它出现在哪个地方，哪个地方就会发生大旱灾。沇水发源于这座山，向北流注入湖水。水中多产箴鱼，它的形状像儵，嘴像针一样，吃了这种鱼可以不染瘟疫。

番条山

又南三百里，曰番条之山，无草木，多沙。减水出焉，北流注于海，其中多鳡鱼①。

【注释】

① 鳡（gǎn）鱼：身体长而大，吻尖，性凶猛，以捕食其他鱼类为生，又叫黄钻。

【译文】

再向南三百里，有山叫番条山，山上不生草木，多产沙。减水发源于这座山，向北流注入大海，水中多产鳡鱼。

鳡鱼

犲 山

又南三百里，曰犲山，其上无草木，其下多水，其中多堪䂃之鱼。有兽焉，其状如夸父而彘毛，其音如呼，见则天下大水。

【译文】

再向南三百里,有山叫犲山,山上不生草木,山下多水,水中多产堪㐌鱼。山中有一种野兽,它的样子像夸父,但长着猪毛,它的声音像在呼叫,只要它一出现天下就会发生大水灾。

独 山

又南三百里,曰独山,其上多金玉,其下多美石。末涂之水出焉,而东南流注于沔,其中多䚦䗬,其状如黄蛇,鱼翼,出入有光,见则其邑大旱。

䚦䗬

【译文】

再向南三百里,有山叫独山,山上多产金属矿产和玉石,山下多产精致秀美的石头。末涂水发源于这座山,向东南流注入沔水,水中多产䚦䗬,它的样子像黄蛇,长着鱼的翅膀,出入水中,闪着亮光,它出现在哪里,哪里就会发生大旱灾。

泰 山

又南三百里,曰泰山,其上多玉,其下多金。有兽焉,其状如豚而有珠,名曰狪狪,其鸣自讻。环水出焉,东流注于江①,其中多水玉。

【注释】

① 江：一说"汶"之误。

【译文】

　　再向南三百里，有山叫泰山，山上多产玉石，山下多产金属矿。有一种野兽，外貌像猪，体内却含有珠子，它的名字叫狪狪，它的叫声就像是呼叫它自己的名字。环水发源于这座山，向东流注入汶水，水中多产水晶。

㐁𧴦山——竹山

　　凡东山之首，自㐁𧴦之山以至于竹山，凡十二山，三千六百里。其神状皆人身龙首。祠：毛用一犬祈，衈①用鱼。

【注释】

① 衈：以血祭神。

【译文】

　　总计东部第一列山系之首尾，从㐁𧴦山到竹山，共有十二座山，总长三千六百里。诸山之神都长着人的身子和龙的脑袋。祭祀他们时：毛物用一只狗取血涂祭，以血祭神用鱼。

人身龙首神

空桑山

东次二山之首，曰空桑之山，北临食水，东望沮吴，南望沙陵，西望湣泽。有兽焉，其状如牛而虎文，其音如钦①。其名曰䍘䍘，其鸣自詨，见则天下大水。

【注释】
① 钦：一说"吟"。

【译文】
东方第二列山系起始的一座山是空桑山，北面临近食水，向东可以看到沮吴，向南可以看到沙陵，向西可以看到湣泽。山中有一种野兽，它的样子像牛但身上布满老虎的斑纹，它的声音就像在呻吟。它的名字叫䍘䍘，它的叫声就像是呼喊自己的名字，它一出现天下就会发生大水灾。

葛山首

又南三百八十里，曰葛山之首，无草木。澧水出焉，东流注于余泽，其中多珠蟞鱼，其状如肺①而有②目，六足有珠，其味酸甘，食之无疠。

珠蟞鱼

【注释】

① 肺：一说应为"肺"字。
② 有：一说应为"四"字。

【译文】

再向南三百八十里是葛山的首端，不生草木。澧水发源于这里，向东流注入余泽，水中多产珠蟞鱼，它的形状像肺叶，生着四只眼睛、六只脚，脚里可以吐出珠子来，味道又酸又甜，吃了它可以不生瘟疫。

余峩山

又南三百八十里，曰余峩之山。其上多梓楠，其下多荆芑①。杂余之水出焉，东流注于黄水。有兽焉，其状如菟而鸟喙，鸱目蛇尾，见人则眠，名犰狳，其鸣自讪，见则螽蝗②为败③。

【注释】

① 芑：通"杞"，即枸杞。
② 螽（zhōng）蝗：蝗虫一类的虫子。
③ 为败：为害。

【译文】

再向南三百八十里，有山叫余峩山，山上多产梓木和楠木，山下多产牡荆和枸杞。杂余水发源于这座山，向东流注入黄水。山上有一种野兽，它的样子像兔子而长着鸟的嘴、鹰的眼睛、蛇的尾巴，看到人就假死，它的名字叫犰狳，它的叫声就像是呼叫

犰狳

它自己的名字，只要它一出现，就会有各种害虫和飞蝗祸害庄稼。

耿　山

又南三百里，曰耿山，无草木，多水碧①，多大蛇。有兽焉，其状如狐而鱼翼，其名曰朱獳，其鸣自讻，见则其国有恐。

【注释】
① 水碧：也是水晶类的东西。

【译文】
再向南三百里，有山叫耿山，山上不生草木，多产碧色水晶和大蛇。山中有一种野兽，它的样子像狐狸但长着鱼的翅膀，它的名字叫朱獳，它的叫声就像是呼喊它自己的名字，它一出现国家就会出现恐慌。

朱獳

卢其山

又南三百里，曰卢其之山，无草木，多沙石，沙水出焉，南流注于涔水，其中多鹕鹕①，其状如鸳鸯而人足，其鸣自讠川，见则其国多土功。

【注释】

① 鹕（lí）鹕：鸟的一种，即鹈鹕。

【译文】

再向南三百里，有山叫卢其山，山上不生草木，多沙子和石头，沙水发源于这座山，向南流注入涔水，水中有很多的鹕鹕，它的模样像鸳鸯但长着人的脚，它的叫声就像是呼喊它自己的名字，只要它一出现，全国就会大兴土木工程。

姑逢山

又南三百里，曰姑逢之山，无草木，多金玉。有兽焉，其状如狐而有翼，其音如鸿雁，其名曰獙獙，见则天下大旱。

【译文】

再向南三百里，有山叫姑逢山，山上不生草木，多产金属矿产和玉石。山中有一种野兽，它的样子像狐狸但长着翅膀，它的叫声如同鸿雁，名叫獙獙，只要它一出现，天下就会发生大旱灾。

凫丽山

又南五百里，曰凫丽之山，其上多金玉，其下多箴石。有兽焉，其状如狐，而九尾、九首、虎爪，名曰蠪蚳，其音如婴儿，是食人。

蠪蚳

【译文】

再向南五百里，有山叫凫丽山，山上多产金属矿物和玉石，山下蕴藏着很多的可用来做砭针的箴石。山中有一种野兽，它的样子像狐狸但长着九条尾巴、九个脑袋和虎的爪子，名叫蠪蚳，它发出的声音像婴儿啼哭，会吃人。

䃌　山

又南五百里，曰䃌山，南临䃌水，东望湖泽。有兽焉，其状如马，而羊目、四角、牛尾，其音如獆狗，其名曰峳峳。见则其国多狡客。有鸟焉，其状如凫而鼠尾，善登木，其名曰絜钩，见则其国多疫。

【译文】

再向南五百里,有山叫硾山,南面临近硾水,东面可看到湖泽。山上有一种野兽,它的模样像马,但长着羊的眼睛、四只角和牛的尾巴,它的叫声如同狗在嗥叫,名叫峳峳。它一出现国家就会出现很多为非作歹的狡黠之人。山上还有一种鸟,它的模样像鸭子,但长着老鼠的尾巴,善于攀登树木,它的名字叫絜钩,它一出现,国家就会多发瘟疫。

空桑山——硾山

凡东次二山之首,自空桑之山至于硾山,凡十七山,六千六百四十里。其神状皆兽身人面载觡①。其祠:毛用一鸡祈,婴②用一璧瘗。

【注释】

① 载觡:载:戴。觡:指麋、鹿一类动物头上长的骨角。
② 婴:古人用玉器祭祀神的专称。

【译文】

总观东方第二列山系之首尾,从空桑山到硾山,共有十七座山,总长六千六百四十里。诸山神的样子都是野兽的身子、人的面孔,头戴骨角。祭祀他们的礼仪是:毛物用一只鸡取血涂祭,玉类用一只璧埋入地下。

尸胡山

又①东次三山之首,曰尸胡之山,北望䍧山,其上多金玉,其下多棘。有兽焉,其状如麋而鱼目,名曰妴胡,其鸣自讪。

【注释】

① 又:一说为衍字。

【译文】

东方第三列山系的开端叫尸胡山,向北可以看到䍧山。山上多产金属矿物和玉石,山下分布着很多酸枣树。山中有一种野兽,它的形貌像麋鹿但长着鱼的眼睛,它的名字叫妴胡,它的叫声就像是呼叫它自己的名字。

妴胡

孟子山

又南水行七百里,曰孟子之山,其木多梓桐,多桃李,其草多菌蒲①,其兽多麋鹿。是山也,广员百里。其上有水出焉,名曰碧阳,其中多鳣鲔②。

【注释】

① 菌蒲：一说菌、蒲均为野菜。
② 鳡鲔（wěi）：鳡：即今天的鲟鳇鱼，体型较大，鼻子较短，口在颌下，有斜行甲而没有鳞，肉黄色，大的长二三丈。鲔：即古之鳣，体形像鳡而长鼻，身上没有鳞甲。

【译文】

再向南行水路七百里，有山叫孟子山，山上的树木多是梓木和桐木，还有很多的桃树和李树，草类以菌、蒲为多，野兽以麋和鹿为主。这座山啊，方圆百里。山上有水流出，名叫碧阳，水中多产鳡、鲔。

跂踵山

又南水行五百里，流沙五百里，有山焉，曰跂踵之山，广员二百里，无草木，有大蛇，其上多玉。有水焉，广员四十里皆涌，其名曰深泽，其中多蠵龟①。有鱼焉，其状如鲤，而六足鸟尾，名曰鲐鲐之鱼，其鸣自讪。

【注释】

① 蠵（xié）龟：大龟，龟甲上有纹彩。

【译文】

再向南水行五百里，再行五百里流沙，有山叫跂踵山，此山方圆二百里，山上不生草木，有大蛇，多产玉石。有一水潭，方圆四十里之内好像都在沸涌，它的名字叫深泽，水中多产蠵龟。水中有一种鱼，它的形状像鲤鱼，但长着六只脚和鸟的尾巴，名叫鲐鲐鱼，它的叫声就好像在喊它的名字一样。

跂踵山

又南水行九百里，曰跂踵之山，其上多草木，多金玉，多赭。有兽焉，其状如牛而马尾，名曰精精，其鸣自叫。

【译文】

再向南走水路行九百里便到了跂踵山，山上生长着很多的草木，多产金属矿物和玉石，还有许多赭石。山中有一种野兽，它的模样像牛但长着马的尾巴，名叫精精，它的叫声就像在喊它自己的名字。

精精

尸胡山——无皋山

凡东次三山之首，自尸胡之山至于无皋之山，凡九山，六千九百里。其神状皆人身而羊角。其祠：用一牡羊，糈用黍。是神也，见则风雨水为败。

【译文】

总计东方第三列山系之首尾,从尸胡山到无皋山,共有九座山,总长六千九百里。诸山山神都长着人的身子、长着羊角。祭祀他们的礼仪是:毛物用一只公羊,精米用黍。这些神啊,他们一出现就会发生大风、大雨、洪水等自然灾害。

北号山

又^①东次四山之首,曰北号之山,临于北海。有木焉,其状如杨,赤华,其实如枣而无核,其味酸甘,食之不疟。食水出焉,而东北流注于海。有兽焉,其状如狼,赤首鼠目,其音如豚,名曰猲狙,是食人。有鸟焉,其状如鸡而白首,鼠足而虎爪,其名曰鬿雀,亦食人。

猲狙

【注释】

① 又:一说为衍字。

【译文】

东方第四列山系的开始是北号山,与北海相临。山中有一种树,它的形状像杨树,开红色的花,结的果实像枣而没有核,味道既酸又甜,吃了它可以不生疟疾病。食水发源于这座山,向东北流注入海中。山中

鬿雀

有一种野兽，它的样子像狼，长着红色的脑袋、老鼠一样的眼睛，它的叫声就像小猪叫，名叫猲狙，能够吃人。山中还有一种鸟，它的样子像鸡而生着白色的脑袋、老鼠的脚、虎的爪子，名叫蚀雀，也能吃人。

旄山

又南三百里，曰旄山，无草木。苍体之水出焉，而西流注于展水，其中多䱻鱼①，其状如鲤而大首，食者不疣。

【注释】

① 䱻鱼：即鳅鱼，俗称泥鳅。

【译文】

再向南三百里，有山叫旄山，山上不生草木。苍体水发源于这座山，向西流注入展水，水中多产䱻鱼，它的形状像鲤鱼却长了一个大头，吃了这种鱼可以不生赘疣。

东始山

又南三百二十里，曰东始之山，上多苍玉。有木焉，其状如杨而赤理，其汁如血，不实，其名曰芑，可以服马。泚水出焉，而东北流注于海，其中多美贝，多茈鱼，其状如鲋，一首而十身，其臭①如麋芜②，食之不糠③。

【注释】

① 臭：气味。

② 蘪芜：即蘼芜，香草的一种。叶子如当归草的叶子，气味如同白芷。
③ 糠：同"屁"。

【译文】

再向南三百二十里，有山叫东始山，山上多产苍玉。山上有一种树，它的形状像杨树但有红色的纹理，流出的汁如同鲜血，不结果实，它的名字叫芑，它的汁液涂在马身上可以使马驯服。泚水发源于这座山，向东北流注入大海，水中多产美丽的贝类，多产茈鱼，茈鱼的形状像鲋鱼，有一个头、十个身子，它发出的味道如同蘪芜，吃了它可以少放屁。

女烝山

又东南三百里，曰女烝之山，其上无草木，石膏水出焉，而西注于鬲水，其中多薄鱼，其状如鳣鱼而一目，其音如欧①，见则天下大旱。

薄鱼

【注释】

① 欧：同"呕"，即呕吐。

【译文】

再向东南三百里，有山叫女烝山，山上不生草木，石膏水发源于这座山，向西流注入鬲水，水中多产薄鱼，它的样子像鳣鱼但长着一只眼睛，它的叫声如同呕吐声，它一出现天下就会发生大旱灾。

钦 山

又东南二百里，曰钦山，多金玉而无石。师水出焉，而北流注于皋泽，其中多鳡鱼，多文贝。有兽焉，其状如豚而有牙①，其名曰当康，其鸣自叫，见则天下大穰。

【注释】

① 有牙：这里指露出嘴唇外的獠牙。

【译文】

再向东南二百里，有山叫钦山，山上多产金属矿物和玉石，却没有石头。师水发源于这座山，向北流注入皋泽，水中多产鳡鱼和有花纹的贝类。山中有一种野兽，它的样子像猪而长着獠牙，它的名字叫当康，它的叫声就像在喊它自己的名字，它一出现天下的庄稼就会有好收成。

子桐山

又东南二百里，曰子桐之山。子桐之水出焉，而西流注于余如之泽。其中多鳙鱼,其状如鱼而鸟翼,出入有光。其音如鸳鸯,见则天下大旱。

【译文】

再向东南二百里,有山叫子桐山。子桐水发源于这座山,向西流注入余如泽。水中多产鳙鱼,它的形状像鱼却长着鸟的翅膀,出入水面时闪亮有光。它叫的声音像鸳鸯,一出现天下就会发生大旱灾。

剡 山

又东北二百里,曰剡山,多金玉。有兽焉,其状如彘而人面,黄身而赤尾,其名曰合窳,其音如婴儿。是兽也,食人,亦食虫蛇,见则天下大水。

【译文】

再向东北二百里,有山叫剡山,山上多产金属矿物和玉石。山中有一种野兽,它的样子像猪却长着人的面孔,黄色的身子,红色的尾巴,它的名字叫合窳,它叫的声音像婴儿啼哭。这种野兽啊,能吃人,也能吃各种虫子和蛇,它一出现天下就会发生大的水灾。

合窳

太 山

又东二百里,曰太山,上多金玉、桢木①。有兽焉,其状如牛而白首,一目而蛇尾,其名曰蜚,行水则竭,行草则死,见则天下大疫。钩水出焉,而北流注于劳水,其中多鱃鱼。

【注释】
① 桢木:即女贞树。

【译文】
　　再向东二百里,有山叫太山,山上多产金属矿物、玉石和女贞树。山中有一种野兽,它的模样像牛而生着白色的脑袋、一只眼睛、蛇的尾巴,它的名字叫蜚。它一出行,行经有水的地方,水流就会枯竭;行经有草的地方,草就会枯死,它一出现天下就会发生大的瘟疫。钩水发源于这座山,向北流注入劳水,水中多产鱃鱼。

蜚

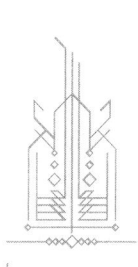

山海经第五 中山经

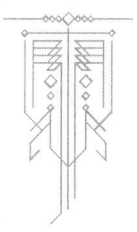

薄山·甘枣山

中山薄山之首,曰甘枣之山,共水出焉,而西流注于河。其上多枞木。其下有草焉,葵本①而杏叶,黄华而荚实,名曰箨,可以已瞢②。有兽焉,其状如㺉鼠③而文题④,其名曰㔮,食之已瘿。

【注释】

① 本:指草木的根或茎,这里指茎干。
② 瞢:目不明。
③ 㺉(huī)鼠:此兽不详。
④ 题:指㺉鼠的额头。

【译文】

中部头一列山系薄山山系的开始是甘枣山,共水发源于这里,向西流注入黄河。山上多产枞木。山下有一种草,长着葵的茎、杏的叶子,开黄色的花,结带荚的果,名字叫箨,吃了它可以明目。山中有一种野兽,它的样子像㺉鼠而额头上有花纹,它的名字叫㔮,吃了它的肉可以治疗脖颈上的肉瘤。

㔮

渠猪山

又东十五里，曰渠猪之山，其上多竹，渠猪之水出焉，而南流注于河。其中是多豪鱼，状如鲔，赤喙赤尾赤羽，可以已白癣①。

【注释】

① 白癣：因真菌感染皮肤引发的一种皮肤病，种类很多，白癣是其中的一种。

【译文】

再向东十五里，有山叫渠猪山，山上多产竹子，渠猪水发源于这座山，向南流注入黄河。水中多产豪鱼，形状像鲔鱼，红色的嘴、红色的尾巴、红色的羽毛，吃了它可以治疗白癣。

牛首山

又北三十里，曰牛首之山。有草焉，名曰鬼草，其叶如葵而赤茎，其秀①如禾，服之不忧。劳水出焉，而西流注于潏水，是多飞鱼，其状如鲋鱼，食之已痔衕。

【注释】

① 秀：这里指草开的花。

【译文】

再向北三十里，有山叫牛首山。山中有一种草，名叫鬼草，它的叶子像葵叶但生着红色的茎，它的花像庄稼开的花，服用它可以使人无忧。劳水发源于这座山，向西流注入潏水，水中多有飞鱼，它的形状像鲋鱼，吃了它可以治疗痔疮、肛瘘一类的病。

霍 山

又北四十里，曰霍山，其木多榖。有兽焉，其状如狸①，而白尾有鬣，名曰朏朏，养之可以已忧。

【注释】

① 狸：狸猫，野猫的一种。

【译文】

再向北四十里，有山叫霍山，山上的树木以构树为主。山中有一种野兽，它的样子像狸猫，但长着白色的尾巴、长的鬣毛，它的名字叫朏朏，人如果饲养这种动物可以不知忧愁。

朏朏

济山·狸诸山

中次二山济山之首，曰狸诸之山，其上多桑，其兽多闾①麋，其鸟多鹖②。

【注释】

① 闾：即前文提到的山驴。
② 鹖（hé）：一种鸟，像野鸡一样大，青色羽毛，长有毛角，生性好斗，至死而止。

【译文】

中部第二列山系济山山系的头一座山是狸诸山，山上多产桑树，野兽以山驴和麋鹿为多，鸟类以鹖鸟为主。

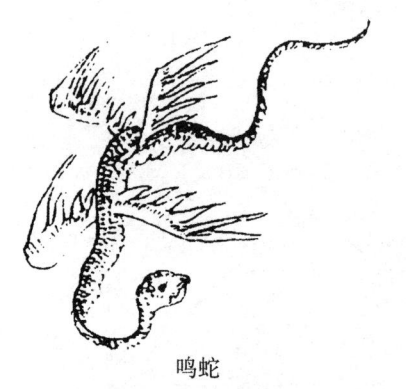

鸣蛇

鲜 山

又西三百里，曰鲜山，多金玉，无草木。鲜水出焉，而北流注于伊水。其中多鸣蛇，其状如蛇而四翼，其音如磬，见则其邑大旱。

【译文】

再向西三百里，有山叫鲜山，山上多产金属矿物和玉石，但草木皆无。鲜水发源于这座山，向北流注入伊水。水中多产鸣蛇，它的形状像蛇但长着四只翅膀，它的叫声如同敲击磬石的声音，只要它一出现，那个地方就会发生大旱灾。

阳　山

又西三百里，曰阳山，多石，无草木。阳水出焉，而北流注于伊水。其中多化蛇，其状如人面而豺①身，鸟翼而蛇行，其音如叱呼，见则其邑大水。

【注释】

① 豺：一种体型比狼稍小的凶猛野兽。一般喉与腹部呈白色，身体多是红色，尾端呈黑色。

【译文】

再向西三百里，有山叫阳山，山上有很多石头但不生草木。阳水发源于这座山，向北流注入伊水。这里多产化蛇，它的样子是人的面孔、豺的身体、鸟的翅膀，走路蜿蜒曲折如同蛇行，它的叫声如同人大声叱呼，它出现在哪个地方，哪个地方就会发生大水灾。

昆吾山

又西二百里，曰昆吾之山，其上多赤铜①。有兽焉，其状如彘而有角，其音如号，名曰蚕蚳，食之不眯。

【注释】

① 赤铜：传说中的名铜，色红如火，用它做剑刃，锋利无比，切玉如同割泥。传说中的昆吾剑即用这种铜锻造而成。

【译文】

再向西二百里，有山叫昆吾山，山上多产赤铜矿。山中有一种野兽，它的模样像猪但头上生着角，它的叫声像人号叫，名叫蠪蚳，吃了它的肉可以不发梦癫。

蔓渠山

又西二百里，曰蔓渠之山，其上多金玉，其下多竹箭。伊水出焉，而东流注于洛。有兽焉，其名曰马腹，其状如人面虎身，其音如婴儿，是食人。

【译文】

再向西二百里，有山叫蔓渠山，山上多产金属矿物和玉石，山下生长着很多的箭竹。伊水发源于这座山，向东流注入洛水。山中有一种野兽，它的名字叫马腹，它的形状奇异，长着人的面孔和老虎的身子，它的叫声就像婴儿啼哭，能吃人。

马腹

辉诸山——蔓渠山

凡济山之首,自辉诸之山至于蔓渠之山,凡九山,一千六百七十里,其神皆人面而鸟身。祠用毛,用一吉玉,投而不糈。

【译文】

总计济山山系之首尾,从辉诸山到蔓渠山,共有九座山,总长一千六百七十里,诸山之神都是人的面孔、鸟的身子。祭祀他们的礼仪是:毛物用完整的牛、猪、羊等,还用一块吉玉投向山间,不用精米。

萯山·敖岸山

中次三山萯山之首,曰敖岸之山,其阳多㻬琈之玉,其阴多赭、黄金。神熏池居之,是常出美玉。北望河林,其状如蒨如举①。有兽焉,其状如白鹿而四角,名曰夫诸,见则其邑大水。

【注释】

① 如蒨如举:像茜草像榉柳。蒨:同"茜",多年生草本植物。举:榉柳,落叶乔木。

【译文】

中部第三列山系萯山山系的开

夫诸

始是敖岸山，它的南部多产㻬琈玉，它的北部多产赭石与黄金。天神熏池居住在这里，所以常常出产美玉。向北可以看到临河的树林，远望好像是茜草和榉柳。山中有一种野兽，它的样子像白鹿但长着四只角，名字叫夫诸，它出现在哪里，哪里就会发生大水灾。

青要山

又东十里，曰青要之山，实惟帝之密都①。北望河曲，是多驾鸟②。南望墠渚③，禹父④之所化，多仆累、蒲卢⑤。䰠武罗⑥司之，其状人面而豹文，小要而白齿，而穿耳以镶⑦，其鸣如鸣玉。是山也，宜女子。畛水出焉，而北流注于河。其中有鸟焉，名曰鴢，其状如凫，青身而朱目赤尾，食之宜子。有草焉，其状如葌，而方茎黄华赤实，其本如藁木⑧，名曰荀草，服之美人色。

鴢

【注释】

① 帝之密都：帝：一说即黄帝。密都：隐秘的都邑。

② 驾鸟：一说驾鹅，即野鹅。

③ 渚：水中的小洲。

④ 禹父：大禹的父亲，即鲧。

⑤ 仆累、蒲卢：仆累：蜗牛。蒲卢：圆形贝壳，软体动物的一种。

⑥ 䰠（shén）武罗：即神武罗。

⑦ 镶（qú）：金银制作的耳环。

⑧ 藁木：一种香草。木："本"之误。

【译文】

　　再向东十里，有山叫青要山，这座山是黄帝的隐秘都邑。向北面可以看到河流的弯曲处，常常有野鹅在群飞。向南面可以看到墠渚，这是禹的父亲化作异物的地方，这座山多产蜗牛和蒲卢。神武罗掌管着这个地方，他的样子是人的面孔，豹子似的斑纹，长着小腰，一口雪白的牙齿，耳朵上佩戴着金银耳环，发出金玉的叮咚响声。这座山啊，宜于女子居住。畛水发源于这座山，向北流注入黄河。山中有一种鸟，名字叫鴢，它的样子像野鸭，青色的身子，浅红色的眼睛，红色的尾巴，人们吃了它的肉可以多生孩子。山中有一种草，它的形状像兰草，但生着方茎，开着黄色的花，结有红色的果，它的根像藁本的根，名叫荀草，人们吃了这种草可以变得更加漂亮。

騩　山

　　又东十里，曰騩山，其上有美枣，其阴有琈瑓之玉。正回之水出焉，而北流注于河。其中多飞鱼①，其状如豚而赤文，服之不畏雷，可以御兵。

【注释】

① 飞鱼：与上文牛首山劳水飞鱼同名异物。

【译文】

　　再向东十里，有山叫騩山，山上产有美味可口的枣，山的北坡产有琈瑓玉。正回水发源于这座山，向北流注入黄河。水中多产飞鱼，它的形状像小猪但生着红色的斑纹，吃了这种鱼就不怕打雷，可以防御兵灾。

和 山

又东二十里,曰和山,其上无草木而多瑶碧,实惟河之九都①。是山也,五曲②。九水出焉,合而北流注于河,其中多苍玉。吉③神泰逢司之,其状如人而虎尾,是好居于萯山之阳,出入有光。泰逢神动天地气也!

【注释】

① 都:汇聚的地方。

② 五曲:五重。

③ 吉:善。

【译文】

再向东二十里,有山叫和山,山上不生草木,但多产瑶和碧这类玉,是黄河的九条支流汇聚的地方。这座山啊,曲曲折折,回环往复共有五重。九条水系发源于这里,然后又汇合起来北流注入黄河,沿水多产苍玉。吉神泰逢主管着这座山,他的形状像人而长着老虎的尾巴。他喜欢住在萯山的南面,出出进进都闪着光辉。泰逢神的法力,是可以动摇天地之气、呼风唤雨的啊!

泰逢

敖岸山——和山

凡贫山之首，自敖岸之山至于和山，凡五山，四百四十里。其祠：泰逢、熏池、武罗皆一牡羊副①，婴用吉玉。其二神用一雄鸡瘗之。糈用稌。

【注释】

① 副：剖开，劈开的意思。

【译文】

总计贫山山系之首尾，从敖岸山到和山，共有五座山，总长四百四十里。祭祠的礼仪是：泰逢、熏池、武罗三神都用一只剖开肚子的公羊作祭品，祭神的玉用吉玉。其余两个神，用一只雄鸡埋入地下。祭祀用的精米是稻米。

扶猪山

西五十里，曰扶猪之山，其上多礝①石。有兽焉，其状如貉②而人目，其名曰䴳。虢水出焉，而北流注于洛，其中多瓀石③。

䴳

【注释】

① 礝:也写作"瑌"。礝石,似玉的美石,是次于玉一等的石头。
② 貉:一种野兽,又叫狗獾。毛棕灰色,栖息在山林中。
③ 瑌石:即上文说的礝石。

【译文】

向西五十里,有山叫扶猪山,山上多产礝石。有一种野兽,它的外貌像貉,但长着人的眼睛,名叫麐。虢水发源于这座山,向北流注入洛水,水中多产礝石。

厘 山

又西一百二十里,曰厘山,其阳多玉,其阴多蒐①。有兽焉,其状如牛,苍身,其音如婴儿,是食人,其名曰犀渠。滽滽之水出焉,而南流注于伊水。有兽焉,名曰𤟤,其状如獳犬②而有鳞,其毛如彘鬣。

【注释】

① 蒐:茅蒐,即现在的茜草。
② 獳犬:指发怒的狗。

犀渠

【译文】

再向西一百二十里,有山叫厘山,山的南坡多产玉石,山的北坡多产茜草。山中有一种野兽,它的模样像牛,青色的身子,它的叫声像婴儿啼哭,能吃人,它的名字叫犀渠。滽滽水发源于这座山,向南流注入伊水。这里还有一种野兽,它的名字叫𤟤,它的模样像獳犬但长着鳞甲,它的毛长在鳞甲间如同猪鬃。

牡 山

又西三百里，曰牡山，其上多文石，其下多竹箭竹䉋，其兽多㸲牛、羬羊，鸟多赤鷩①。

【注释】
① 鷩：即鷩鸡，又称锦鸡，羽毛美丽。

【译文】
再向西三百里有山叫牡山，山上多产有花纹的石头，山下多产竹箭、竹䉋这类的小竹丛，山中的野兽以㸲牛、羬羊为主，鸟以赤鷩居多。

鹿蹄山——玄扈山

凡厘山之首，自鹿蹄之山至于玄扈之山，凡九山，千六百七十里。其神状皆人面兽身。其祠之，毛用一白鸡，祈而不糈，以采衣①之。

【注释】
① 衣（yì）：这里用作动词，穿衣的意思。

兽身人面神

【译文】

总计厘山山系之首尾，从鹿蹄山到玄扈山，共有九座山，总长一千六百七十里。诸山之神都是人的面孔、野兽的身躯。祭祀他们的礼仪是：毛物用一只白鸡取血涂祭，不用精米，鸡是用彩帛装饰起来的。

首 山

东三百里，曰首山，其阴多榖柞①，其草多𦬸芫②。其阳多䓞琈之玉，木多槐。其阴有谷，曰机谷，多䲴鸟，其状如枭而三目，有耳，其音如录③，食之已垫④。

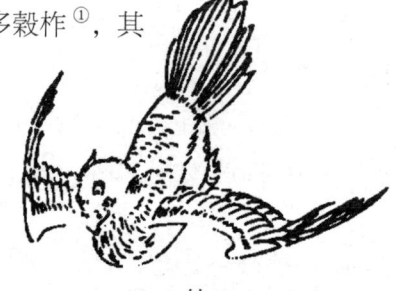

䲴

【注释】

① 柞：即柞树，乔木，木质坚硬，叶可养蚕。
② 𦬸芫：𦬸：即山蓟，有苍术、白术二种可以入药。芫：芫花，可以入药。
③ 录：通"鹿"。
④ 垫：因地势低下、潮湿而引发的病。

【译文】

向东三百里，有山叫首山，它的北坡多产构树和柞树，山上的草以苍术、白术和芫花之类的药草为主。山的南部多䓞琈之类的玉，树木以槐树居多。山的北坡有山谷叫机谷，多产䲴鸟，它的样子像枭鸟但长着三只眼睛，还有耳朵，它叫的声音像鹿鸣，吃了它的肉可以治疗因地势低下而得的潮湿病。

尸　山

又东十里，曰尸山，多苍玉，其兽多麖①。尸水出焉，南流注于洛水，其中多美玉。

【注释】
① 麖（jīng）：一种体型较大的鹿。

【译文】
再向东十里，有山叫尸山，多产苍玉，山上的野兽以麖为多。尸水发源于这座山，向南流注入洛水，水中多产精美的玉石。

缟羝山·平逢山

中次六山缟羝山之首，曰平逢之山，南望伊洛，东望穀城之山，无草木，无水，多沙石。有神焉，其状如人而二首，名曰骄虫，是为螫虫①，实惟蜂蜜之庐②。其祠之，用一雄鸡，禳③而勿杀。

骄虫

【注释】
① 螫（shì）虫：指身上生有毒刺能伤人的昆虫。
② 蜂蜜之庐：群蜂汇集的地方。蜜：指蜂的一种。
③ 禳（ráng）：祈祷以求去灾消恶。

【译文】

中部第六列山系缟羝山的开始叫平逢山。从平逢山往南面望可以看到伊水和洛水,东望可以看到榖城山,山上不生草木,没有水,多沙子和石头。山中有一个神,他的模样像人但长着两个脑袋,名叫骄虫,是一切螫虫的首领,这里也是群蜂包括蜜蜂所栖息的地方。祭祀他的礼仪是:用一只雄鸡,不需杀死,祈祷后放掉。

廆　山

又西十里,曰廆山,其阴多㻬琈之玉。其西有谷焉,名曰䰠谷,其木多柳楮。其中有鸟焉,状如山鸡而长尾,赤如丹火而青喙,名曰鸰䴖,其鸣自呼,服之不眯。交觞之水出于其阳,而南流注于洛;俞随之水出于其阴,而北流注于榖水。

【译文】

再向西十里,有山叫廆山,它的北坡多产㻬琈之类的玉。山的西部有一个山谷叫䰠谷,谷中多产柳树和楮树。谷里还有一种鸟,它的样子像山鸡但长着长长的尾巴,通身红如丹火,但鸟喙却是青色的,它的名字叫鸰䴖,它的叫声就像是在呼喊自己的名字,人们吃了它的肉可以不做噩梦。交觞水发源于这座山的南坡,向南流注入洛水;俞随水发源于这座山的北坡,向北流注入榖水。

密　山

又西七十二里，曰密山，其阳多玉，其阴多铁。豪水出焉，而南流注于洛，其中多旋龟，其状鸟首而鳖尾，其音如判木。无草木。

旋龟

【译文】

再向西七十二里，有山叫密山，它的南坡多产玉石，北坡多产铁矿。豪水发源于这座山，向南流注入洛水，水中多产旋龟，它长着鸟的头、鳖的尾，叫声如同劈木头。这座山草木皆无。

橐　山

又西五十里，曰橐山，其木多樗，多楠木①，其阳多金玉，其阴多铁，多萧②。橐水出焉，而北流注于河。其中多脩辟之鱼，状如黾③而白喙，其音如鸱，食之已白癣。

【注释】

① 楮木：古人所说的一种树木，生长在四川，七八月份吐穗，穗成熟后，似盐粉状的东西沾在上面，取下可以酢羹。
② 萧：即荻，蒿草一类的东西。
③ 黾：青蛙的一种。

【译文】

再向西五十里，有山叫橐山，山上多产樗树和楮树，山的南坡多产金属矿物和玉石，山的北坡多产铁矿，又多产蒿草。橐水发源于这座山，向北流注入黄河。水中多产脩辟鱼，形状像青蛙但嘴是白色的，叫声如同鸱鸣，人们吃了它的肉可以治愈白癣。

苦 山

又东二十里，曰苦山，有兽焉，名曰山膏，其状如逐①，赤若丹火，善詈②。其上有木焉，名曰黄棘，黄花而员叶，其实如兰，服之不字③。有草焉，员叶而无茎，赤华而不实，名曰无条④，服之不瘿。

【注释】

① 逐：一说为"豚"字之误。
② 詈：骂，责骂。
③ 字：怀孕，生育。
④ 无条：与上文所述无条草的形状不一样，属同名异物。

【译文】

再向东二十里，有山叫苦山，山中有一种野兽，名叫山膏，它的样子像小猪，身上红得像丹火一样，特别善于骂人。山上有一种树木叫黄棘，开黄色的花，长着圆圆的叶子，结的果实像兰草的果，人吃了它就会丧失生育能力。山中还有一种草，长着圆圆的叶，但没有茎，开红色的花但不结果实，名字叫无条，吃了它脖颈上不会生瘤子。

堵　山

又东二十七里，曰堵山，神天愚居之，是多怪风雨。其上有木焉，名曰天楄，方茎而葵状，服者不噎①。

【注释】

① 噎：食物塞住咽喉。

【译文】

再向东二十七里，有山叫堵山，神人天愚居住在这个地方，所以这座山上常常有怪风怪雨。山上有一种树木名叫天楄，方的茎，葵的形状，吃它的人不会哽噎。

天愚

放皋山

又东五十二里，曰放皋之山。明水出焉，南流注于伊水，其中多苍玉。有木焉，其叶如槐，黄华而不实，其名曰蒙木，服之不惑。有兽焉，其状如蜂，枝尾而反舌，善呼，其名曰文文。

【译文】

再向东五十二里,有山叫放皋山。明水发源于这座山,向南流注入伊水,水中多产苍玉。山中有一种树木,它的叶子像槐树的叶子,开黄色的花但不结果实,它的名字叫蒙木,吃了它可以使人不糊涂。山中有一种野兽,它的样子像蜂,生着分叉的尾巴、倒转的舌头,善于呼唤,它的名字叫文文。

文文

大苦山

又东五十七里,曰大苦之山,多琈𤩎之玉,多麋玉①。有草焉,其状叶如榆,方茎而苍伤②,其名曰牛伤③,其根苍文,服者不厌④,可以御兵。其阳狂水出焉,西南流注于伊水,其中多三足龟,食者无大疾,可以已肿。

【注释】

① 麋玉:一说"麋"为"瑂"的假借字。麋玉即瑂玉。
② 苍伤:即苍刺,指青色的刺。
③ 牛伤:可以说是牛刺。
④ 厌:一说逆气病。

【译文】

再向东五十七里,有山叫大苦山,山中多产琈𤩎玉,还多产麋玉。山中有一种草,它的叶子像榆叶,长着方的茎,青色的刺,它的名字叫牛伤,即是牛刺,它的根有青色的纹路,吃了它可以不得逆气病,还可以防御兵器的伤害。狂水发源于这座山的南部,向西南流注入伊水,水中多产三只脚的龟,吃了它可以不生大病,还可以治疗痈肿病。

半石山

又东七十里,曰半石之山。其上有草焉,生而秀①,其高丈余,赤叶赤华,华而不实,其名曰嘉荣,服之者不霆②。来需之水出于其阳,而西流注于伊水,其中多䱻鱼,黑文,其状如鲋,食者不睡。合水出于其阴,而北流注于洛,多䲢鱼,状如鳜③,居逵④,苍文赤尾,食者不痈,可以为瘘⑤。

【注释】

① 秀:开花的意思。
② 霆:霹雳。
③ 鳜:鳜鱼,嘴和眼睛较大,鳞较细碎,有彩色的斑纹。
④ 逵:水中有洞穴潜通的地方。
⑤ 瘘:指痔瘘。

䱻鱼

䲢鱼

【译文】

再向东七十里,有山叫半石山。山上有一种草,刚出土就抽穗开花,它一丈多高,生着红色的叶子,开红色的花,只开花不结果,它的名字叫嘉荣,人吃了它可以不怕雷霆。来需水发源于这座山的南坡,向西流注入伊水,水中多产䱻鱼,它长着黑色的斑纹,形状像鲋鱼,吃了

它的肉精神特别好，不会感到瞌睡。合水发源于这座山的北坡，向北流注入洛水，多产䲢鱼，形状像鳜鱼，住在水中有洞穴潜通的地方，长着青色的斑纹，红色的尾巴，吃了它可以不生痈肿病，还可以治疗痔瘘。

少室山

又东五十里，曰少室之山，百草木成囷①。其上有木焉，其名曰帝休，叶状如杨，其枝五衢②，黄华黑实，服者不怒。其上多玉，其下多铁。休水出焉，而北流注于洛，其中多䱱鱼，状如盩蜼③而长距，足白而对，食者无蛊疾，可以御兵。

【注释】

① 囷：圆的仓库。
② 衢：大路。
③ 盩蜼：盩，"䯝"之误。䯝蜼，一种类似猕猴的野兽。

【译文】

再向东五十里，有山叫少室山，各种各样的草木堆积成圆的仓库。山上有一种树木，名叫帝休，叶子的形状像杨树叶，树枝向五方交错伸展，就像衢路，开黄色的花，结黑色的果，吃了它的果实可以心平气和，不易动怒。山上多产玉石，山下多产铁矿。休水发源于这座山，向北流注入洛水，水中多产䱱鱼，这鱼形似猕猴，却长着长长的白色足爪，足距相对着，吃了这种鱼不易患多疑症，还可以防御兵器的伤害。

休舆山——大騩山

凡苦山之首,自休舆之山至于大騩之山,凡十有九山,千一百八十四里。其十六神者,皆豕身而人面。其祠:毛牷①用一羊羞②,婴用一藻玉瘗。苦山、少室、太室皆冢也。其祠之:太牢之具,婴以吉玉。其神状皆人面而三首。其余属皆豕身人面也。

【注释】

① 牷:毛色纯一的整只的牛、羊、猪。
② 羞:这里指祭祀的用品。

【译文】

总计苦山山系之首尾,从休舆山到大騩山,共有十九座山,总长一千一百八十四里。其中有十六座山的山神,都是猪的身子、人的面孔。祭祀他们的礼仪是:毛物用一整只羊作祭品,祭祀的玉用一块藻玉,祭祀后埋入地下。苦山、少室、太室这几座山是诸山的宗主,祭祀他们:要用猪、牛、羊三牲齐备的太牢,还要用吉玉陈祭。这三座山的神都是人的面孔,但长着三个脑袋。另外那十六座山的山神都是猪的身子、人的面孔。

豕身人面神

荆山·景山

中次八山荆山之首，曰景山，其上多金玉，其木多杼①檀。雎水出焉，东南流注于江。其中多丹粟，多文鱼。

【注释】
① 杼（shù）：即柞树。

【译文】
中部第八列山系荆山山系的开始是景山，山上多产金属矿物和玉石，山上的树木以柞树和檀木居多。雎水发源于这座山，向东南流注入长江。水中多产像粟粒一样的红色细沙，游动着长有五彩花纹的鱼类。

荆　山

东北百里，曰荆山，其阴多铁，其阳多赤金，其中多犛①牛，多豹虎，其木多松柏，多橘櫾②，其草多竹。漳水出焉，而东南流注于雎，其中多黄金，多鲛鱼③，其兽多闾麋。

犛牛

【注释】
① 犛（lí）：牦牛的一种，黑色。
② 櫾：即柚子，与橘子相似，但个大味酸。

③ 鲛（jiāo）鱼：一种鱼类。

【译文】

　　向东北一百里，有山叫荆山，山的北坡多产铁，山的南坡多产赤金，山中多产犛牛，还多产豹子和老虎，山中的树木以松柏为多，以及很多橘树和柚树，还有许多竹丛。漳水发源于这座山，向东南流注入雎水，水中多产黄金和鲛鱼，山中野兽多为山驴和麋鹿。

骄　山

　　又东北百五十里，曰骄山，其上多玉，其下多青䨼，其木多松柏，多桃枝钩端。神䨼围处之，其状如人面。羊角虎爪，恒游于雎漳之渊，出入有光。

【注释】

① 䨼（tuó）围：神祇名。

【译文】

　　再向东北一百五十里，有山叫骄山，山上多产玉石，山下多产青䨼，所产树木以松树和柏树为多，还多产桃枝和钩端这类小竹子。神仙䨼围居住在这里，他的样子像人，但长着羊的角和虎的爪子，总是在雎水和漳水的深潭中活动，出去进来时都闪着光芒。

䨼围

纶 山

又东北三百五十里，曰纶山，其木多梓枬，多桃枝，多柤①、栗、橘、櫾，其兽多闾、麈、麢、臭②。

【注释】

① 柤：即柤树，形状像梨树，但树干、树枝呈红色，开黄花，果子为黑色。
② 臭：形状像兔子，脚像鹿，皮毛呈青色。

【译文】

再向东北三百五十里是纶山，山上的树木以梓树和楠树为多，多产桃枝竹，还有许多柤树、栗子树、橘树和柚树。山中的野兽多是山驴、驼鹿、羚羊和形似兔子但脚像鹿的臭。

光 山

又东百三十里，曰光山，其上多碧，其下多木①。神计蒙处之，其状人身而龙首，恒游于漳渊，出入必有飘风②暴雨。

【注释】

① 木：一说为"水"之误。
② 飘风：指暴风、旋风。

计蒙

【译文】

再向东一百三十里,有山叫光山,山上多产碧玉,山下多有水流。神仙计蒙居住在这座山里,它长着人的身子、龙的脑袋,常游走在漳水深潭,出去进来常伴有旋风和暴雨。

岐 山

又东百五十里,曰岐山,其阳多赤金,其阴多白珉①,其上多金玉,其下多青雘,其木多樗。神涉鼍处之,其状人身而方面三足。

【注释】

① 珉:像玉的石头。

【译文】

再向东一百五十里,有山叫岐山,山的南面多产赤金,山的北面多产白珉,山上多产金属矿物和玉石,山下多产青雘,树木以樗树为多。神仙涉鼍居住在这里,他长着人的身子、方面孔、三只脚。

涉鼍

美 山

又东北一百里,曰美山,其兽多兕牛,多闾麈,多豕鹿。其上多金,其下多青䨼。

【译文】

再向东北一百里,有山叫美山,山中的野兽多是兕和野牛,多产山驴和驼鹿,还有很多野猪和鹿。山上多产金属矿物,山下多产青䨼。

琴鼓山

又东南二百里,曰琴鼓之山,其木多穀柞椒柘,其上多白珉,其下多洗石,其兽多豕鹿,多白犀,其鸟多鸩。

【译文】

再向东南二百里,有山叫琴鼓山,山中的树木多是构树、柞树、花椒树和柘树,山上多产白珉,山下多产洗石,山中野兽多野猪、鹿,多白犀,山中的鸟以鸩鸟居多。

景山——琴鼓山

凡荆山之首,自景山至琴鼓之山,凡二十三山,二千八百九十里。其神状皆鸟身而人面。其祠：用一雄鸡祈瘗，婴用一藻圭，糈用稌。骄山，冢也，其祠：用羞酒少牢祈瘗，婴用一璧。

【译文】

总计荆山山系之首尾，从景山到琴鼓山，共有二十三座山，总长两千八百九十里。诸山山神的样子都是鸟的身子、人的面孔。祭祀他们的礼仪是：用一只雄鸡涂血而祭，然后埋入地下，祭祀的玉用一藻圭，祭祀的精米用稻米。骄山，是众山的宗主，祭祀的礼仪是：用专门祭神的酒进献，还要用代表少牢祭礼的猪羊涂祭，然后埋入地下，祭祀的玉用一块璧。

鸟身人面神

岷 山

又东北三百里，曰岷山。江水出焉，东北流注于海，其中多良龟，多鼍①，其上多金玉，其下多白珉，其木多梅棠，其兽多犀象，多夔牛②，其鸟多翰鷩③。

鼍

【注释】

① 鼍（tuó）：一种类似蜥蜴的动物，大的有两丈长，身上有五彩鳞钾，皮可以制鼓用。即扬子鳄。
② 夔（kuí）牛：一种体型非常大的牛，可以重数千斤。

③ 翰：野鸡的一种。

【译文】

　　再向东北三百里，有山叫岷山。江水发源于这里，向东北流注入海，水中多产品种优良的乌龟，还有许多扬子鳄，山上多产金属矿物和玉石，山下盛产像玉石的白珉。山上的树木以梅树和海棠树为多，所产野兽以犀牛和大象为多，还有大量的夔牛，山上的鸟多是野鸡和锦鸡。

崃　山

　　又东一百五十里，曰崃山。江水出焉，东流注于大江，其中多怪蛇①，多䱻鱼②，其木多楢③杻，多梅梓，其兽多夔牛、麢、㚟、犀、兕。有鸟焉，状如鸮而赤身白首，其名曰窃脂，可以御火。

【注释】

① 怪蛇：据说是一种钩蛇，身长数丈，尾巴分叉，在水中钩取岸上的人、牛、马吃掉。
② 䱻鱼：不详。
③ 楢（yóu）：一种木质硬度很高的树木，是制造车子的好材料。

【译文】

　　再向东一百五十里，有山叫崃山，江水发源于这座山，向东流注入大江，水中产一种怪蛇，还多产䱻鱼。山上生长着很多的楢树和杻树，还多产梅树和梓树，山上的野兽多是夔牛、麢、㚟、犀、兕。山上有一种鸟，形状像鸮，却是红身子、白脑袋，它的名字叫窃脂，畜养它可以防御火灾。

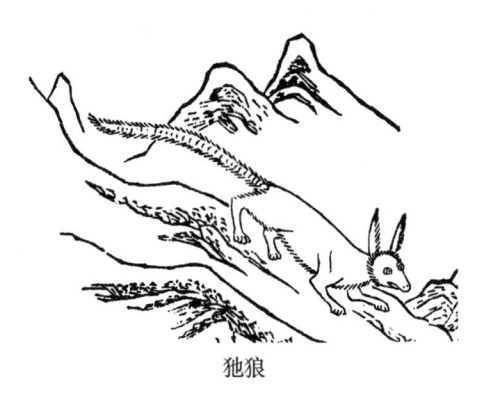

蛇 山

又东四百里,曰蛇山,其上多黄金,其下多垩,其木多栒,多豫章,其草多嘉荣、少辛。有兽焉,其状如狐,而白尾长耳,名𧳜狼,见则国内有兵。

狪狼

【译文】

再向东四百里,有山叫蛇山,山上多产黄金,山下多产垩土,山上树木多是栒树,还多产豫章树,山上的草多是嘉荣和少辛。山中有一种野兽,它的形状像狐狸,却长着白尾巴、长耳朵,它的名字叫𧳜狼,它一出现,国内就会有战乱。

鬲 山

又东五百里,曰鬲山,其阳多金,其阴多白珉。蒲鸏之水出焉,而东流注于江,其中多白玉,其兽多犀、象、熊、罴,多猨、蜼①。

【注释】

① 蜼:一种猿猴,长尾巴,鼻孔朝天,尾巴分叉,天一下雨就悬挂在树上,用尾巴塞住鼻孔。

【译文】

再向东五百里,有山叫鬲山,山的南部多产金属矿物,山的北部多产玉石一样的白珉。蒲鹬水发源于这座山,向东流注入江水,沿水多产白玉,野兽多是犀、象、熊、罴,还有很多的猿和蜼。

风雨山

又东一百五十里,曰风雨之山,其上多白金,其下多石涅,其木多棷椫①,多杨。宣余之水出焉,东流注于江,其中多蛇②,其兽多闾、麋、麈③,多豹、虎,其鸟多白鹇。

【注释】

① 棷椫:棷:不详。椫:又叫白理木,木质坚硬,纹白,可以制梳、杓等。
② 蛇:这里指水蛇。
③ 麈(zhǔ):是鹿的一类,尾巴可以制拂尘。

【译文】

再向东一百五十里,有山叫风雨山,山上多白金,山下多石涅,山上多产棷树、椫树和杨树。宣余水发源于这座山,向东流注入江水,水中多蛇,野兽多是山驴、麋、麈,还多豹子和老虎,山上的鸟以白鹇居多。

玉 山

又东北二百里,曰玉山,其阳多铜,其阴多赤金,其木多豫章、楢、杻,其兽多豕、鹿、麢、臭,其鸟多鸩。

【译文】

再向东北二百里,有山叫玉山,山的南坡多产铜矿,山的北坡多产赤金,山上的树木多是豫章树、楢树和杻树,山中的野兽以猪、鹿、麢和臭居多,山中的鸟多是鸩鸟。

熊 山

又东一百五十里,曰熊山。有穴焉,熊之穴,恒出神人,夏启而冬闭。是穴也,冬启乃必有兵。其上多白玉,其下多白金。其木多樗、柳,其草多寇脱。

【译文】

再向东一百五十里,有山叫熊山。有一个山洞,是熊的洞穴,常有神人在这里出现,夏天门开着,冬季关闭。这个洞穴啊,如果冬季敞开,就会发生兵灾。山上多产白玉,山下多产白金。山上的树木多是樗树和柳树,草多是寇脱。

女几山——贾超山

凡岷山之首,自女几山至于贾超之山,凡十六山,三千五百里。其神状皆马身而龙首。其祠:毛用一雄鸡瘗,糈用稌。文山①、勾㭚、风雨、骢山,是皆冢也,其祠之:羞酒,少牢具,婴毛②一吉玉。熊山,席③也,其祠:羞酒,太牢具,婴毛一璧。干儛,用兵以禳④;祈,璆冕舞⑤。

【注释】

① 文山:一说岷山。
② 婴毛:为"婴用"之误,婴是用玉祭神的专称,下同。
③ 席:一说"席"当为"帝",字形的讹误。帝:即首领。
④ 禳:即禳灾,祭祷消灾。
⑤ 璆冕舞:璆:指美玉。冕:指古代王侯及卿大夫的礼服。这里泛指礼服。

马身龙首神

【译文】

总计岷山山系之首尾,从女几山到贾超山,共有十六座山,总长三千五百里。诸山山神的模样都是马的身子、龙的脑袋。祭祀他们的礼仪是:毛物用一只雄鸡埋入地下,精米用稻米。文山、勾㭚山、风雨山、骢山都是众山的宗主,祭祀他们的礼仪是:先敬献美酒,后用猪、羊二牲的少牢礼,祭祀的玉用一吉玉。熊山,是众山的首领,祭祀的礼仪是:先敬献美酒,后用猪、牛、羊全备的太牢礼,祭祀的玉用一璧玉。

在祭神的过程中，如果是祝寿除灾，人们就持盾斧而舞；如果是祈神赐福，就穿袍戴帽，手持吉玉而舞，用优美的舞姿博得神灵的欢心。

复州山

又西二十里，曰复州之山，其木多檀，其阳多黄金。有鸟焉，其状如鸮，而一足彘尾，其名曰跂踵，见则其国大疫。

跂踵

【译文】

再向西二十里，有山叫复州山，山上多产檀木，山的南坡多产黄金。山上有一种鸟，它的形状像鸮鸟，却只有一只足，长着猪的尾巴，它的名字叫跂踵，它一出现，国家就会出现大的灾疫。

又原山

又西二十里，曰又原之山，其阳多青䨼，其阴多铁，其鸟多鸜鹆。

【译文】

再向西二十里,有山叫又原山,山的南坡多产青䨼,山的北坡多产铁矿,山上的鸟多是鸜鹆。

首山——丙山

凡首阳山之首,自首山①至于丙山,凡九山,二百六十七里。其神状皆龙身而人面。其祠之:毛用一雄鸡瘗,糈用五种之糈②。堵山③,冢也,其祠之:少牢具,羞酒祠,婴毛④一璧瘗。骊山,帝也,其祠:羞酒,太牢其⑤,合巫祝⑥二人儛,婴一璧。

龙身人面神

【注释】

① 首山:即首阳山。

② 五种之糈:即黍、稷、稻、粱、麦五种粮米。

③ 堵山:即楮山。

④ 婴毛:"婴用"之误。

⑤ 其："具"的讹误。
⑥ 巫祝：巫：古代的女巫，可以以舞降神。祝：古代的男巫，在祠庙中主持祭礼。

【译文】

总计首阳山山系之首尾，从首阳山到丙山，共有九座山，总长二百六十七里。诸山山神的模样都是龙的身子、人的面孔。祭祠他们的礼仪是：毛物用一只雄鸡埋入地下，精米用黍、稷、稻、粱、麦五种粮米。堵山，是众山的宗主，祭祀的礼仪是：用猪、羊二牲的少牢礼，献上美酒，祭祀的玉用一璧玉。騩山，是诸山的首领，祭祀的礼仪是：献上美酒，用猪、牛、羊三牲具备的太牢礼，由女巫师、男祝师二人在神前跳舞，祭祀的玉用一块璧。

丰 山

又东南三百里，曰丰山。有兽焉，其状如猨，赤目、赤喙，黄身，名曰雍和，见则国有大恐。神耕父处之，常游清泠之渊，出入有光，见则其国为败。有九钟焉，是知霜鸣。其上多金，其下多穀、柞、杻、橿。

雍和

【译文】

再向东南三百里，有山叫丰山。山中有一种野兽，它的模样像猿猴，红眼睛，红嘴壳，黄身子，名叫雍和，它一出现国内就会有大的恐慌。神耕父住在这个地方，它常到清泠渊去游玩，出入水中都闪耀着光芒，它一出现，那个国家就会衰败。山上有九口钟，可以知霜降，每当霜降落大地，它就会发出声音。山上多产金属矿石，山下多产构树、柞树、杻树和橿树。

瑶碧山

又东六十里，曰瑶碧之山，其木多梓枏，其阴多青雘，其阳多白金。有鸟焉，其状如雉，恒食蜚①，名曰鸩②。

【注释】

① 蜚（fěi）：一种臭虫。
② 鸩：与上文中能吃蛇的鸩不同，是另外一种鸟。

鸩

【译文】

再向东六十里，有山叫瑶碧山，山上多产梓树和楠树，它的北坡多产青雘，山的南坡多产白金。山中有一种鸟，它的形状像野鸡，经常吃臭虫，名叫鸩。

支离山

又东四十里，曰支①离之山。济水②出焉，南流注于汉。有鸟焉，其名曰婴勺，其状如鹊，赤目、赤喙、白身，其尾若勺，其鸣自呼。多牦牛，多羬羊。

【注释】

① 支：一说"攻"。

② 济水：一说是"淯水"之误。

【译文】

　　再向东四十里，有山叫支离山，淯水发源于这座山，向南流注入汉水。山中有一种鸟，它的名字叫婴勺，形状像喜鹊，长着红色的眼睛、红色的喙和一身白色的羽毛，它的尾巴像勺子，它的叫声就像是呼喊它自己的名字。山中多产牦牛和羬羊。

婴勺

堇理山

又西北一百里，曰堇理之山，其上多松柏、多美梓，其阴多丹雘、多金，其兽多豹虎。有鸟焉，其状如鹊，青身白喙，白目白尾，名曰青耕，可以御疫，其鸣自叫。

【译文】

再向西北一百里，有山叫堇理山，山上多产松树、柏树和优良的梓树，山的北坡多产丹雘和金属矿物，山中的野兽多是豹子和老虎。山上有一种鸟，它的形状像喜鹊，身上披着青色的羽毛，长着白色的喙、白色的眼睛和白色的尾巴，名叫青耕，人们如果把它养起来可以防御灾疫，它的叫声就像是呼喊自己的名字。

依轱山

又东南三十里，曰依轱之山，其上多杻橿，多苴[1]。有兽焉，其状如犬，虎爪有甲，其名曰獜，善駚奋[2]，食者不风。

【注释】

[1] 苴："柤"的假借字，即柤树。
[2] 駚奋：跳跃扑腾。

【译文】

再向东南三十里，有山叫依轱山，山上多产杻树、橿树和柤树。山中有一种野兽，它的样子像狗，长着老虎的爪子，身上披着鳞甲，名叫獜，它善于跳跃扑腾，吃了它的肉可以不患风疾。

从 山

又东南三十五里，曰从山，其上多松柏，其下多竹。从水出于其上，潜于其下，其中多三足鳖，枝尾，食之无蛊疫。

【译文】

再向东南三十五里，有山叫从山，山上多产松树和柏树，山下多产竹。从水发源于山上，潜流于山下，水中多产三只脚的鳖，所有的鳖都长着分叉的尾巴，吃了它可以不生蛊惑病。

乐马山

又东南二十里，曰乐马之山。有兽焉，其状如彙①，赤如丹火，其名曰㹨，见则其国大疫。

【注释】

① 彙（huì）：刺猬。

【译文】

再向东南二十里，有山叫乐马山。山中有一种野兽，它的形状像刺猬，通身长着红色皮毛，它的名字叫㹨，它一出现，那个国家就会发生大的灾疫。

㹨

葴　山

又东南二十五里，曰葴山，瀙水出焉，东南流注于汝水，其中多人鱼，多蛟，多颉①。

【注释】
① 颉：据说是长着青色皮毛而形态像狗的动物。

【译文】
再向东南二十五里，有山叫葴山，瀙水发源于这座山，向东南流注入汝水，水中多产人鱼、蛟，还有很多形状像狗一样的颉。

倚帝山

又东三十里，曰倚帝之山，其上多玉，其下多金。有兽焉，状如䶐鼠①，白耳白喙，名曰狙如，见则其国有大兵。

【注释】
① 䶐鼠：具体不详。

【译文】
再向东三十里，有山叫倚帝山，山上多产玉石，山下多产金属矿物。

狙如

山中有一种野兽，形状就像鼮鼠，长着白色的耳朵和白色的嘴巴，名叫狙如，它一出现，那个国家就会有大的兵灾。

鲜　山

又东三十里，曰鲜山，其木多楢、杻、苴，其草多䕷冬①，其阳多金，其阴多铁。有兽焉，其状如膜大②，赤喙、赤目、白尾，见则其邑有火③，名曰𤟤即。

【注释】

① 䕷（mén）冬：根据语境推测，指芍药一类的观赏性植物，即今之赤粱粟。
② 膜大：一说"大"为"犬"之误。膜犬，一种体形高大的狗，长着浓密的毛，性情凶悍，力量强大。
③ 火：一说兵灾。

𤟤即

【译文】

再向东三十里，有山叫鲜山，山上的树多是楢树、杻树和枻树，山上的草多是虋冬，山的南坡多产金属矿物，山的北部多产铁矿。山中有一种野兽，它的形态像膜犬，长着红色的嘴巴，红色的眼睛，白色的尾巴，它一出现，那个地方就会发生大的兵灾，这种野兽的名字叫㺕即。

历石山

又东北七十里，曰历石之山，其木多荆芑，其阳多黄金，其阴多砥石。有兽焉，其状如狸，而白首虎爪，名曰梁渠，见则其国有大兵。

【译文】

再向东北七十里，有山叫历石山，山上的树木多是牡荆和枸杞，山的南坡多产黄金，山的北坡多产砥石。山中有一种野兽，它的模样像狐狸，但长着白色的脑袋、虎的爪子，名叫梁渠，它一出现，那个国家就会发生大兵灾。

梁渠

丑阳山

又东二百里，曰丑阳之山，其上多椆椐。有鸟焉，其状如乌而赤足，名曰𩿏𩿪，可以御火。

【译文】

再向东二百里，有山叫丑阳山，山上多产椆树和椐树。山上有一种鸟，它的模样像乌鸦，但长着红色的脚，名字叫𩿏𩿪，畜养它可以用来防火。

𩿏𩿪

凡　山

又东三百五十里，曰凡山，其木多楢檀杻，其草多香。有兽焉，其状如彘，黄身、白头、白尾，名曰闻獜，见则天下大风。

【译文】

再向东三百五十里,有山叫凡山,山上的树木多是楢树、檀树和杻树,山上的草多是香草。山中有一种野兽,它的模样像猪,长着黄色的身子、白色的脑袋、白色的尾巴,名叫闻獜,它一出现天下就会刮大风。

翼望山——凡山

凡荆山之首,自翼望之山至于凡山,凡四十八山,三千七百三十二里。其神状皆彘身人首。其祠:毛用一雄鸡祈瘗,婴用一珪,糈用五种之精。禾山①,帝也,其祠:太牢之具,羞瘗,倒毛②;婴用一璧,牛无常③。堵山、玉山,冢也,皆倒祠④,羞毛⑤少牢,婴毛吉玉。

【注释】

① 禾山:上文没有禾山,具体指哪一座山,不能确定。
② 倒毛:在祭礼完后,把祭祀所用的毛物(猪、牛、羊)倒着身子埋掉。
③ 无常:这是指不一定牺牲全备。
④ 倒祠:同"倒毛"。
⑤ 毛:"用"之误,下同。

【译文】

总计荆山山系之首尾,从翼望山到凡山,共有四十八座山,总长三千七百三十二里。诸山的山神都是猪的身子、人的脑袋。祭祀他们的礼仪是:毛物用一只雄鸡取血涂祭,然后埋到地里,祭祀用的玉是一块珪,精米用黍、稷、稻、粱、麦五种粮食。禾山,是诸山的首领,祭祀的礼仪是：用太牢礼，进献后，把所献的牲畜倒着埋掉。祭神的玉用一块璧。虽是用太牢礼，不一定用完备的三牲。堵山、玉山，是众山的宗主，都要用倒埋牲畜的礼仪来祭祀，献祭的毛物用少牢礼，祭神的玉用一块吉玉。

夫夫山

又东一百五十里，曰夫夫之山，其上多黄金，其下多青雄黄，其木多桑楮，其草多竹、鸡鼓①。神于儿居之，其状人身而手操两蛇，常游于江渊，出入有光。

于儿

【注释】

① 鸡鼓：鸡谷草。

【译文】

再向东一百五十里，有山叫夫夫山，山上多产黄金，山下多产青石和雄黄，山上的树木以桑树和楮树居多，草类多是竹子和鸡谷草。神仙于儿住在这座山里，它的模样是人的身子而手握两蛇，经常游走于江水的渊潭之中，出入都闪耀着光芒。

暴　山

又东南一百八十里，曰暴山，其木多棕枏荆芑竹箭䉋箘①，其上多黄金玉，其下多文石铁，其兽多麋鹿麈②就③。

【注释】

① 箘：箭竹的一种，中等高度。

② 麖：即麂。

③ 就：雕。

【译文】

再向东南一百八十里，有山叫暴山，山上多产棕树、楠树、牡荆树、枸杞树和竹、箭、䉋、箘等大小不一的竹子。山上多产黄金和玉石，山下多产有彩色花纹的石头和铁。山中的野兽多是麋、鹿、麖和雕。

即公山

又东南二百里，曰即公之山，其上多黄金，其下多㻬琈之玉，其木多柳杻檀桑。有兽焉，其状如龟，而白身赤首，名曰蛫，是可以御火。

【译文】

再向东南二百里，有山叫即公山，山上多产黄金，山下多产㻬琈玉，山上的树木多是柳树、杻树、檀树和桑树。山中有一种野兽，它的模样像龟，但有着白色的身子，红色的脑袋，名叫蛫，如果人们畜养它就可以防火。

蛫

柴桑山

又南九十里,曰柴桑之山,其上多银,其下多碧,多泠石赭,其木多柳芑楮桑。其兽多麋鹿,多白蛇、飞蛇①。

【注释】
① 飞蛇:即腾蛇,传说能腾云驾雾,为龙的一种。

【译文】
再向南九十里,有山叫柴桑山,山上多产银,山下多产碧玉、泠石和赭石。树木多为柳树、枸杞树、楮树和桑树之类。山中的野兽多是麋和鹿,还多产白蛇和飞蛇。

篇遇山——荣余山

凡洞庭山之首,自篇遇之山至于荣余之山,凡十五山,二千八百里。其神状皆鸟身而龙首。其祠:毛用一雄鸡、一牝豚刉①,糈用稌。凡夫夫之山、即公之山、尧山、阳帝之山,皆冢也,其祠:皆肆②瘗,祈用酒,毛用少牢,婴毛一吉玉。洞庭、荣余山神也,其祠:皆肆瘗,祈酒,太牢祠,婴用圭璧十五,五采惠③之。

【注释】
① 刉:割刺取血。
② 肆:陈列,摆设。

③ 惠：装饰。

【译文】

　　总计洞庭山山系之首尾，从篇遇山到荣余山，共有十五座山，总长两千八百里。诸山山神都是鸟的身子，龙的脑袋。祭祀他们的礼仪是：毛物用一只雄鸡和一头母猪取血涂祭，祭神的精米用稻米。夫夫山、即公山、尧山、阳帝山都是众山的宗祖，祭祀的礼仪都是：先陈列牲玉，然后埋入地下，祈祷须用酒，毛物用少牢礼，祭神的玉是一块吉玉。洞庭山、荣余山是神显灵的地方，祭祀的礼仪是：先陈列牲玉，然后埋入地里，祈祷须用酒和太牢礼，祭神的玉用圭、璧各十五块，用青、黄、赤、白、黑五种颜色装饰它们。

鸟身龙首神

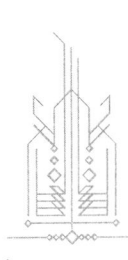

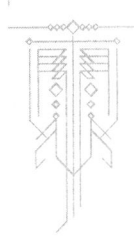

山海经第六　海外南经

结匈国

结匈国在其①西南，其为人结匈②。

【注释】

① 其：指《海外西经》西南角的灭蒙鸟，参见本书《海外西经》，以下的表方位的"其"，如没有特别说明，均指此。
② 结匈：大概指现在所说的鸡胸。匈：同"胸"。

【译文】

结匈国在灭蒙鸟的西南面，这里的人都长着鸡胸。

羽民国

羽民国在其东南，其为人长头，身生羽。一曰在比翼鸟东南，其为人长颊①。

【注释】

① 颊：面颊。

【译文】

羽民国在它的东南边，那里的人都长着长脑袋，身上长着羽毛。另一说，羽民国在比翼鸟的东南边，那里的人长着长脸颊。

羽民国人

讙头国

讙头国在其南,其为人人面有翼,鸟喙,方捕鱼。一曰在毕方东,或曰讙朱国。

【译文】

讙头国在它的南边,这里的人长着人的面孔,生有翅膀,还长着鸟的嘴,在海边用尖嘴捕鱼。另一说讙头国在毕方鸟的东边,或说认为讙头国就是讙朱国。

厌火国

厌火国在其国①南,其为人兽身黑色。火出其口中。一曰在讙朱东。

【注释】

① 国:一说为衍字。

【译文】

厌火国在它的南面,这里的人长着野兽的身子,浑身黑色,口中喷出火焰。另一说厌火国在讙朱国的东面。

𢦍国

𢦍国在其东，其为人黄，能操弓射蛇。一曰𢦍国在三毛东。

【译文】

𢦍国在它的东边，这里的人皮肤都是黄色的，能用弓射杀蛇。另一说𢦍国在三毛国的东边。

贯匈国

贯匈国在其东，其为人匈有窍。一曰在𢦍国东。

【译文】

贯匈国在它的东边，这里的人胸部都有一个贯穿前后的洞。另一说贯匈国在𢦍国的东部。

贯匈国

交胫国

交胫国在其东,其为人交胫①。一曰在穿匈②东。

【注释】

① 胫:人的小腿为胫,大腿为股。
② 穿匈:即贯匈国。

【译文】

交胫国在它的东边,这里的人是交叉着小腿行走的。另一说交胫国在贯匈国的东边。

不死民

不死民在其东,其为人黑色,寿,不死。一曰在穿匈国东。

【译文】

不死民在它的东边,这里的人皮肤都是黑色的,长寿,不死。另一说不死民在贯匈国的东面。

三首国

三首国在其东,其为人一身三首。一曰在凿齿东。

【译文】

　　三首国在它的东面,这里的人生着一个身子三个脑袋。另一说三首国在凿齿国的东边。

三首国人

周饶国

　　周饶国在其东,其为人短小,冠带①。一曰焦饶国②在三首东。

【注释】

① 冠带:即戴上帽子,系上腰带。
② 焦饶国:即周饶国。"焦饶""周饶"皆为"侏儒"之转声。侏儒为矮小的人,所以焦饶国和周饶国都是指现在所说的小人国。

【译文】

　　周饶国在它的东边,这里的人身材短小,戴着帽子,系着腰带。另一说焦饶国在三首国的东边。

长臂国

长臂国在其东,捕鱼水中,两手各操一鱼。一曰在焦饶东,捕鱼海中。

【译文】

长臂国在它的东边,这里的人以在水中捕鱼为生,两手各抓住一条鱼。另一说长臂国在周饶国的东边,这里的人以在海中捕鱼为生。

南方祝融

南方祝融①,兽身人面,乘两龙。

【注释】

① 祝融:传说中的火神。

【译文】

南方的火神祝融,长着野兽的身子和人的面孔,驾着两条龙飞行。

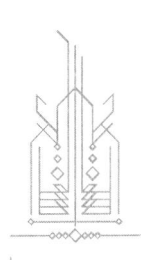

山海经第七 海外西经

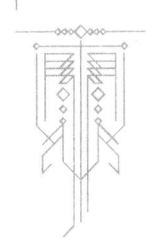

夏后启

大运山高三百仞,在灭蒙鸟北。大乐之野,夏后启①于此儛②九代,乘两龙,云盖三层。左手操翳③,右手操环,佩玉璜④。在大运山北。

【注释】

① 夏后启:夏后:即夏王。启:传说中的夏朝开国之君大禹的儿子,后继父位,做了夏朝的国君。
② 儛(wǔ):通"舞"。
③ 翳(yì):用羽毛做的形似伞状的华盖。
④ 璜(huáng):一种半圆形的璧玉。

【译文】

大运山高三百仞,在灭蒙鸟的北边。大乐野,夏王启在这里观看九代乐舞的演出,他驾着两条龙,有三层云盖拥绕着他。他左手握着伞状的华盖,右手拿着一个玉环,还在腰间佩戴了一块半圆形的玉璜。这个地方是在大运山的北边。

夏后启

三身国

三身国在夏后启北,一首而三身。

【译文】

三身国在夏后启所在地的北边,这里的人长着一个脑袋,三个身子。

一臂国

一臂国在其北,一臂、一目、一鼻孔。有黄马虎文,一目而一手①。

【注释】

① 手:这里指马的腿和蹄子。

一臂国民

【译文】

一臂国在三身国的北边,这里的人长着一只臂膀、一只眼睛、一个鼻孔。还有一种黄色的马,全身布满了老虎皮毛一样的斑纹,长着一只眼睛、一条腿。

奇肱国

奇肱之国在其北。其人一臂三目,有阴有阳,乘文马①。有鸟焉,两头,赤黄色,在其旁。

【注释】

① 文马:指吉良马,白身红鬣,眼睛金黄,骑上它寿命可达一千年。

【译文】

奇肱国在一臂国的北边。这里的人长着一只臂膀、三只眼睛,眼睛有阴有阳,乘着吉良马。那里还有一种鸟,长着两个头和红黄色的身子,栖息在他们的旁边。

形 天

形天①与帝至此争神,帝断其首,葬之常羊之山。乃以乳为目,以脐为口,操干戚以舞。女祭、女薎在其北,居两水间,薎操鱼䱉,祭操俎。

【注释】

① 形天：一说即"刑天"，神话传说中的无头之神。

【译文】

　　形天与天帝争神位，天帝砍断了他的脑袋，把他的头埋葬在常羊山。于是形天神便以自己的乳头为眼睛，以肚脐为嘴巴，一手握着一面盾，一手拿着一面斧，在那里挥舞不止。叫做祭的女巫和叫做䰩的女巫住在形天与天帝发生争斗之地的北面，正好处于两条水流的中间，女巫䰩手里拿着咒角的小酒杯，女巫祭手里捧着俎器。

形天

鹙鹒鸟

　　鹙鸟、鹒鸟，其色青黄，所经国亡。在女祭北。鹙鸟人面，居山上。一曰维鸟，青鸟、黄鸟所集。

【译文】

　　鹙鸟、鹒鸟，它们的颜色青中带黄，所经之地，国家灭亡。它们位居女祭的北面。鹙鸟长着人面，栖息在山上。一说这两种鸟统称维鸟，是青鸟、黄鸟栖息在一块的混称。

丈夫国

丈夫国在维鸟北,其为人衣冠带剑。

【译文】

丈夫国在维鸟的北面,这里的人衣冠楚楚,腰间佩剑。

并　封

并封在巫咸东,其状如彘,前后皆有首,黑。

【译文】

并封兽在巫咸国的东边,它的形状像猪,前后都有脑袋,浑身是黑色的。

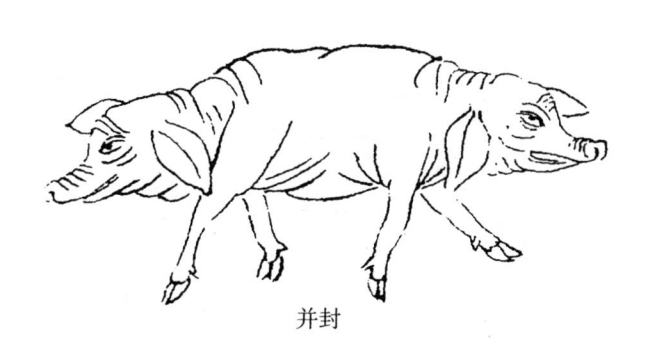

并封

女子国

女子国在巫咸北,两女子居,水周之。一曰居一门中。

【译文】

女子国在巫咸国的北边,有两个女子住在这里,水环绕在她们的四周。一说她们居住在一道门的中间。

轩辕国

轩辕之国在此穷山之际,其不寿者八百岁。在女子国北,人面蛇身,尾交首上。

轩辕国

【译文】

轩辕国在穷山的旁边,这里的人最短命者也有八百岁。轩辕国在女子国的北面,他们长着人的脸和蛇的身子,尾巴盘绕在脑袋上。

白民国

白民之国在龙鱼北,白身被①发。有乘黄,其状如狐,其背上有角,乘之寿二千岁。

【注释】

① 被:同"披"。

【译文】

白民国在龙鱼的北边,这里的人都是白色的身子,披散着头发。这里有一种叫乘黄的野兽,它的模样像狐狸,背上长着两只角,人要是骑了它,至少可以活到两千岁。

长股国

长股之国在雄常北,被发。一曰长脚。

【译文】

长股国在雄常树的北边,这里的人都披散着头发。一说长股国是长脚国。

西方蓐收

西方蓐收①,左耳有蛇,乘两龙。

【注释】

① 西方蓐收:神话传说中的金神,长着人的脸、虎的爪,披白发,拿钺斧。

【译文】

西方的蓐收神,左边的耳朵上挂着蛇,乘着两条龙飞行。

蓐收

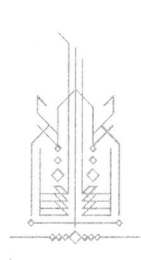

山海经第八　海外北经

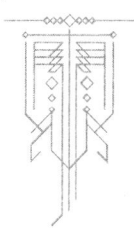

无𦙫之国

无𦙫^①之国在长股东,为人无𦙫。

【注释】

① 无𦙫(qǐ):即无嗣。传说中无𦙫国的人,生活在洞穴中,平时以泥土为食,不分男女,死后就埋掉,但心不腐朽,一百二十年后又会化作人重生。

【译文】

无𦙫国在长股国的东边,作为人而没有子孙后代。

烛 阴

钟山之神,名曰烛阴,视为昼,瞑为夜,吹为冬,呼为夏,不饮,不食,不息,息为风。身长千里。在无𦙫之东。其为物,人面,蛇身,赤色,居钟山下。

【译文】

钟山的山神名叫烛阴,法力无边,睁开眼睛为白天,闭上眼睛为黑夜,一吹气便是寒冬,一呼气又是夏天,不需喝水,不需吃饭,不呼吸,一呼吸便化为风。他身长一千里。在无𦙫国的东边。他的模样是人的脸、蛇的身,浑身红色,居住在钟山之下。

烛阴

一目国

一目国在其东,一目中其面而居。一曰有手足。

【译文】

一目国在钟山烛阴的东边,这里的人一只眼睛长在脸的中央。另一种说法认为像普通人一样有手有脚。

柔利国

柔利国在一目东,为人一手一足,反䣛^①,曲足居上。一云留利之国,人足反折。

【注释】

① 䣛(xī):膝盖。

【译文】

柔利国在一目国的东边,这里的人一只手一只脚,膝盖反生,脚弯向上。一说柔利国又叫留利国,人脚是反折的。

相柳氏

共工之臣曰相柳氏,九首,以食于九山。相柳之所抵,厥^①

为泽溪。禹杀相柳，其血腥，不可以树五谷种②。禹厥之，三仞三沮③，乃以为众帝④之台。在昆仑之北，柔利之东。相柳者，九首人面，蛇身而青。不敢北射，畏共工之台。台在其东。台四方，隅有一蛇，虎色，首冲南方。

相柳

【注释】

① 厥：即"掘"。
② 五谷种：即五谷。
③ 三仞三沮：三：古代经常用"三、六、九"表示多数，不是实指。仞：通"牣"，充满的意思。沮：败坏，这里意为陷落。
④ 众帝：指帝尧、帝喾、帝舜等上古帝王。

【译文】

　　共工的臣子叫相柳氏，长着九个脑袋，同时吃九座山上的食物，相柳所到之处，便成为沼泽和溪水。禹杀了相柳氏，他的血流腥臭无比，所流之地不可种植五谷。禹挖掘填埋这个地方，多次填充多次陷落，于是干脆用挖掘出来的土为当时的诸帝修了几座帝台。这些帝台在昆仑山的北边、柔利国的东面。相柳啊，长着九个头、人的脸、蛇的身子，浑身青色。射箭的人不敢向北射，是惧怕共工台的威灵。共工台在相柳氏的东边。台呈四方形，每个角都有一条蛇，蛇身布满虎皮纹，蛇头朝着南方。

夸父逐日

夸父与日逐走，入日。渴欲得饮，饮于河渭，河渭不足，北饮大泽。未至，道渴而死。弃其杖，化为邓林。

【译文】

夸父与太阳赛跑，走进太阳炎热的光环里。口中干渴，想要喝水，于是便去喝黄河和渭河的水，两条河的水都不能满足他，又想到北方去喝大泽的水。还没有赶到，就渴死在半路上了，在死之前，他扔掉了自己的手杖，变为邓林。

夸父逐日

夸父国

夸父国在聂耳东,其为人大,右手操青蛇,左手操黄蛇。邓林在其东,二树木。一曰博父。

【译文】

夸父国在聂耳国的东边,这里的人身材高大,右手握着一条青蛇,左手握着一条黄蛇。邓林在它的东边,尽管说是邓林,但只有两棵树。一说夸父国就是博父国。

北海有兽

北海内有兽,其状如马,名曰䮝駼。有兽焉,其名曰駮,状如白马,锯牙,食虎豹。有素兽焉,状如马,名曰蛩蛩。有青兽焉,状如虎,名曰罗罗。

罗罗

【译文】

　　北海内有一种野兽,它的模样像马,名叫駒駼。还有一种野兽,它的名字叫驳,模样像白马,长着如锯般的牙齿,可以吃掉虎豹。又有一种白色的野兽,模样也像马一样,名叫蛩蛩。又有一种青色的兽,模样像老虎,名叫罗罗。

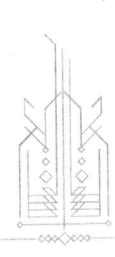

山海经第九 海外东经

大人国

大人国在其北,为人大,坐而削①船。一曰在嗟丘北。

【注释】
① 削:这里是划船的意思。

【译文】
　　大人国在它的北边,这里的人身材高大,坐在那里划船。一说大人国在嗟丘的北面。

奢比尸

　　奢比①之尸在其北,兽身、人面、大耳,珥两青蛇。一曰肝榆之尸在大人北。

奢比尸

【注释】

① 奢比：神的名字，也叫奢龙。

【译文】

奢比尸神在大人国的北边，长着野兽的身子、人的脸、大大的耳朵，耳朵上挂着两条青蛇。一说肝榆尸神在大人国的北边。

君子国

君子国在其北，衣冠带剑，食兽，使二文虎在旁，其人好让不争。有薰华草，朝生夕死。一曰在肝榆之尸北。

【译文】

君子国在奢比尸神的北边，这里的人都衣冠楚楚，腰间佩剑，吃野兽，役使两只有花纹的老虎在身旁。他们为人谦让，不好争斗。这里生长着一种薰华草，这种草早上开花，晚上凋谢。一说，君子国在肝榆尸神的北边。

天吴神

朝阳之谷，神曰天吴，是为水伯。在𧎾𧎾北两水间。其为兽也，八首人面，八足八尾，皆①青黄。

天吴

【注释】

① 皆：有的版本为"背"。

【译文】

在朝阳之谷有神叫天吴，这就是所说的水伯。此神处在蚕蚕北边的两条河流之间。这个神长着野兽的样子，有八个脑袋，人的脸、八只脚、八条尾巴，背部的颜色青中带黄。

黑齿国

黑齿国在其北，为人黑①，食稻啖②蛇，一赤一青，在其旁。一曰在竖亥北，为人黑齿，食稻使蛇，其一蛇赤。

【注释】

① 为人黑：一说"为人黑齿"。

② 啖（dàn）：吃的意思。

【译文】

黑齿国在它的北边，这里的人都长着很黑的牙齿，主食稻米饭，以蛇为菜肴，一条红蛇一条黑蛇分列其旁。一说，黑齿国在竖亥的北边，这里的人牙齿都是黑色的，吃稻米饭，使唤蛇，有一条蛇是红色的。

雨师妾

雨师妾在其北，其为人黑，两手各操一蛇，左耳有青蛇，右耳有赤蛇。一曰在十日北，为人黑身人面，各操一龟。

【译文】

　　雨师妾国在它的北面,这里的人全身都是黑色的,左右两手各拿一条蛇,左耳挂着一条青蛇,右耳挂着一条红蛇。一说雨师妾国在十个太阳的北边,这里的人长着黑身子、人的面孔,左右两手各托着一只龟。

雨师妾

玄股之国

　　玄股之国在其北。其为人股黑,衣鱼食躯①,使两鸟夹之。一曰在雨师妾北。

【注释】

① 衣鱼食躯(ōu):衣鱼:以鱼皮为衣,即穿着用鱼皮做的衣服。
　　食躯:即以躯为食,躯,即海鸥。

【译文】

玄股国在它的北边,这里的人大腿是黑色的,他们以鱼皮做衣服,以鸥鸟为食,两只鸟夹在他们的身旁。一说玄股国在雨师妾国的北边。

毛民国

毛民之国在其北,为人身生毛。一曰在玄股北。

【译文】

毛民国在它的北边,这里的人全身长毛。一说毛民国在玄股国的北边。

毛民国人

劳民国

劳民国在其北，其为人黑，食草果实。有一鸟两头。或曰教民。一曰在毛民北，为人面目手足尽黑。

【译文】

劳民国在它的北边，这里的人全身是黑色的，拿野果和草莓作食物。这里还有种鸟长有两个头。也有人称它为教民国。一说劳民国在毛民国的北边，这里的人脸、眼、手、脚全都是黑色的。

东方句芒

东方句芒①，鸟身人面，乘两龙。

【注释】

① 句（gōu）芒：传说中的木神。

【译文】

东方的木神句芒，长着鸟的身子和人的脸，驾着两条龙。

东方句芒

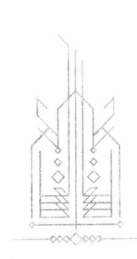

山海经第十　海内南经

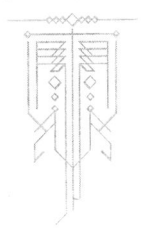

枭阳国

枭阳国在北朐之西。其为人，人面、长唇、黑身有毛、反踵，见人则笑，左手操管。

【译文】

枭阳国在北朐国的西边，这里的人长着人的脸、长长的嘴唇，黑色的身体上长着毛，脚跟朝前生，一见人就笑，左手拿着一个竹筒。

枭阳国人

氐人国

氐人国在建木西，其为人，人面而鱼身，无足。

【译文】

氐人国在建木的西边，这里的人长着人的脸、鱼身子，没有脚。

巴　蛇

巴蛇食象，三岁而出其骨，君子服之，无心腹之疾。其为蛇青黄赤黑。一曰黑蛇青首，在犀牛①西。

【注释】

① 犀牛：《海内南经》内提到的一种野兽。

【译文】

巴蛇吃象，三年以后才能吐出象骨，具有才德的人吃了巴蛇的肉，可以不生心痛和闹肚子的病。巴蛇有青色、黄色、红色和黑色的。一说是黑色的蛇，长着青色的头，在犀牛的西边。

巴蛇食象

旄　马

旄马，其状如马，四节有毛。在巴蛇西北，高山南。

【译文】

旄马的样子像普通的马，四条腿的关节上都长着毛。它在巴蛇的西北边，高山的南边。

旄马

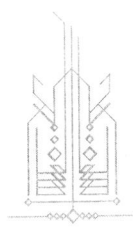

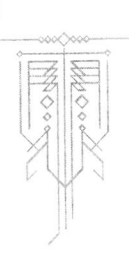

山海经第十一　海内西经

贰负臣危

贰负①之臣曰危,危与贰负杀窫窳②。帝乃梏之疏属之山,桎其右足,反缚③两手与发④,系之山上木。在开题⑤西北。

【注释】
① 贰负:传说中的天神,人面蛇身。
② 窫窳:传说中的一种怪兽,形状像貙,生着龙的脑袋,会吃人。
③ 缚:绑。
④ 与发:一说为衍字。
⑤ 开题:指鸡头山。

【译文】
贰负的臣子叫危,危和贰负杀了窫窳。天帝把他囚禁在疏属山,拷着了右脚,反绑了两手,捆在山上的树木上。这个地方处于开题的西北部。

昆仑开明兽

海内昆仑之虚,在西北,帝之下都。昆仑之虚,方八百里,高万仞①。上有木禾,长五寻②,大五围。面有九井,以玉为槛。面有九门,门有开明兽守之,百③神之所在。在八隅之岩,赤水之际,非仁羿④莫能上冈之岩,昆仑南渊深三百仞。开明兽身大类虎而九首,皆人面,东响立昆仑上。

【注释】

① 仞：古代度量单位，一仞为八丈。
② 寻：古代度量单位，八尺为一寻。
③ 百：无实指，多的意思。
④ 仁羿：这里指后羿，神话传说中为民造福的英雄，善于射箭，曾把天空中为害的九个太阳射掉，又射死毒蛇猛兽。

【译文】

　　海内的昆仑山在西北方，是天帝在下方的都邑。昆仑山，方圆八百里，高有八千丈。山顶生有稻子树，这棵稻子树高达四丈，有五个人的合抱粗。山的每一面都有九口井，每口井都有玉石做的栏杆。山的每面都有九个门，每个门都有开明兽把持，那是百神所在的地方。这些地方在八方的山岩、赤水的岸边，除了像射日的后羿那样本领高强的英雄，没有人能够爬上这道山冈，攀登上那些巉岩，昆仑山的南面深三百仞。开明兽样子像虎，却长着九个脑袋，都是人脸，立在昆仑山之上，威慑百灵。

开明兽

凤　皇

开明西有凤皇、鸾鸟，皆戴蛇践蛇，膺①有赤蛇。

【注释】
① 膺（yīng）：胸口。

【译文】
开明兽西边有凤皇、鸾鸟，它们都是头上缠着蛇，脚底下踩着蛇，胸前还挂着红色的蛇。

三头人

服常树①，其上有三头人，伺琅玕树②。

【注释】
① 服常树：据说是沙棠树。
② 琅（láng）玕（gān）树：传说中的一种可以结出珠玉的树。

【译文】
服常树，也就是沙棠树，树上有一个长着三个脑袋的人，在那里看守着附近的一棵琅玕树。

树 鸟

开明南有树鸟、六首蛟、蝮①、蛇、蜼、豹、鸟秩树②,于表池树木③,诵鸟④、鹑⑤、视肉。

【注释】

① 蝮:大蛇。

② 鸟秩树:木名,不详。

③ 表池树木:即树木表池。是说树木环绕在池子的周围,使得池子益加华美。

④ 诵鸟:何种鸟不详。

⑤ 鹑(sǔn):雕鹰一类的鸟。

六首蛟

【译文】

开明兽的南部有树鸟、六首蛟、蝮、蛇、蜼、豹子及一些鸟秩树,这些鸟秩树环绕在池子的周围,使得池子益加华美,又有诵鸟、鹑和视肉。

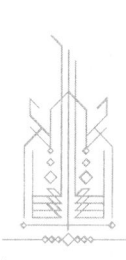

山海经第十二　海内北经

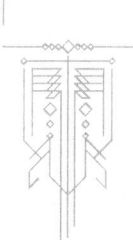

西王母

西王母梯几而戴胜杖①。其南有三青鸟,为西王母取食。在昆仑虚北。

【注释】
① 梯几而戴胜杖:梯:倚靠。几:矮腿的案桌。胜:玉胜,一种首饰。杖:为衍字。

【译文】
西王母倚靠在一张矮腿案桌旁,头上戴着玉胜。她的南面有三只青鸟,正在四下里寻寻觅觅为西王母找取食物。西王母所在的位置在昆仑山的北面。

西王母

犬封国

犬封国曰犬戎国,状如犬。有一女子,方跪进柸食。有文马,缟身朱鬣,目若黄金,名曰吉量,乘之寿千岁。

【译文】

犬封国又叫犬戎国,这里的人长的样子像狗。犬封国有一女子,正跪着恭恭敬敬地进献酒食。犬封国有一种文马,纯白的身子,红色的鬣毛,眼睛里放出金色的光芒,名叫吉量,骑上它可以长寿千岁。

鬼　国

鬼国在贰负之尸北,为物人面而一目。一曰贰负神在其东,为物人面蛇身。

【译文】

鬼国在贰负尸的北边,这里的人长着人的脸,脸的中间有一只眼睛。一说贰负神在它的东面,鬼国的人长着人的脸、蛇的身子。

鬼国国人

蜪 犬

蜪犬如犬,青,食人从首始。

【译文】

蜪犬长得像狗,浑身青毛,可以吃人,吃人时从头开始吃。

穷 奇

穷奇状如虎,有翼,食人从首始,所食被发。在蜪犬北。一曰从足。

【译文】

穷奇的样子长得像虎,长着翅膀,能吃人,吃人从头开始,被吃的人披散着头发。穷奇在蜪犬的北边。一说它吃人从脚部吃起。

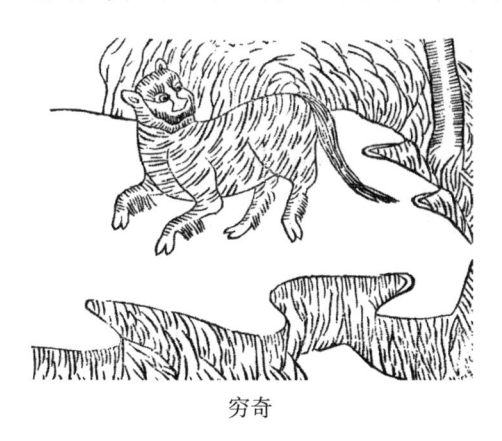

穷奇

阘非

阘非,人面而兽身,青色。

【译文】

阘非,长着人的脸、野兽的身子,浑身青毛。

阘非

据比尸

据比之尸,其为人折颈披发,无一手。

【译文】

据比尸神,脖子被砍断,头发披散着,一只胳膊也没了。

环 狗

环狗,其为人兽首人身。一曰蝟状如狗,黄色。

【译文】

环狗国的人,长着野兽的脑袋、人的身子。一说长着刺猬的样子,又有点像狗,一身黄色。

环狗

戎

戎,其为人,人首三角。

【译文】

戎,这里的人长着人的脑袋,脑袋上有三只角。

驺吾

林氏国有珍兽,大若虎,五采毕具,尾长于身,名曰驺吾,乘之日行千里。

【译文】

林氏国有一种珍奇的野兽,体大如虎,身披五彩,尾巴长得长过身躯,名叫驺吾,骑上它可以一天行走千里。

冰夷

从极之渊,深三百仞,维冰夷①恒都焉。冰夷人面,乘两龙。一曰忠极之渊。

【注释】

① 冰夷:河伯,传说的水神。

【译文】

从极渊,深有二百四十丈,只有冰夷长久地住在那里。冰夷神长着人的脸,驾着两条龙。一说从极渊是忠极渊。

大　蟹

大蟹①在海中。

【注释】

① 大蟹：古人说是千里之蟹，即方圆千里大小的蟹。

【译文】

大蟹生活在大海中。

大蟹

陵　鱼

陵鱼①，人面，手足，鱼身，在海中。

【注释】

① 陵鱼：即人鱼，娃娃鱼。

【译文】

陵鱼长着人的脸,有手有足,长着鱼的身子,生活在海中。

鲮鱼

蓬莱山

蓬莱山①在海中。

【注释】

① 蓬莱山:传说在渤海中有蓬莱山,上面有神仙居住的宫室,都是由黄金和玉石筑成,飞鸟走兽都呈白色,望去像一片白云。

【译文】

蓬莱山屹立在海中。

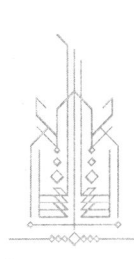

山海经第十三　海内东经

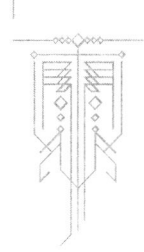

雷 神

雷泽中有雷神，龙身而人头，鼓其腹则雷。在吴西。

【译文】

　　雷泽中有雷神，长着龙的身子，人的脑袋，时常鼓动自己的肚子，从而放出响雷来。雷泽位居吴地的西面。

雷神

四 蛇

汉水出鲋鱼之山,帝颛顼葬于阳,九嫔葬于阴,四蛇卫之。

【译文】

汉水发源于鲋鱼山,帝颛顼埋葬于山的南坡,他的九个嫔妃埋葬于山的北坡,有四只神蛇守卫着。

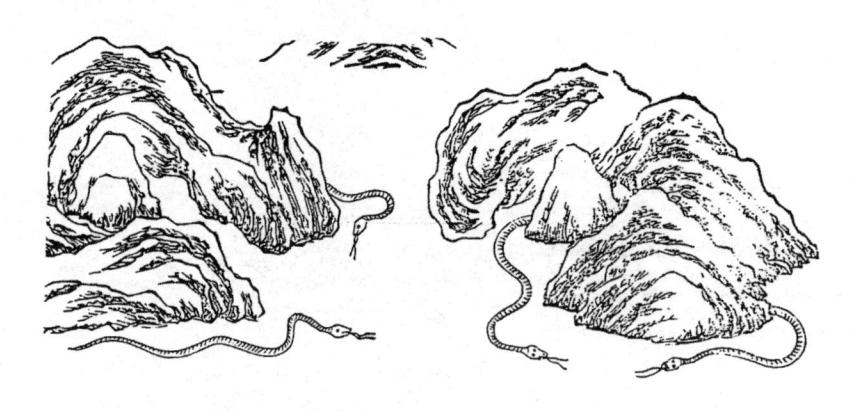

四蛇

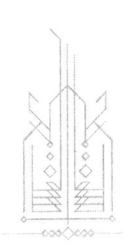

山海经第十四 大荒东经

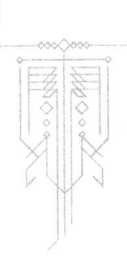

折 丹

大荒之中,有山名曰鞠陵于天、东极、离瞀,日月所出。有神名曰折丹,东方曰折,来风曰俊,处东极以出入风。

【译文】

大荒之中有三座山,一座山叫鞠陵于天,一座山叫东极,还有一座山叫离瞀,这三座山是太阳、月亮升起的地方。有一位神叫折丹,东方称他为折,来自东方的风叫俊,他就处在大地的东极,管理着风的出入。

折丹

禺 䝞

东海之渚①中,有神,人面鸟身,珥两黄蛇,践两黄蛇,名曰禺䝞。黄帝生禺䝞,禺䝞生禺京。禺京处北海,禺䝞处东海,是为海神。

【注释】

① 渚:水中的小块陆地,这里指海中岛屿。

【译文】

东海的岛屿上,有一个神,长着人的脸、鸟的身子,耳朵上挂着两条黄蛇,脚下踏着两条黄蛇,他的名字叫禺虢。黄帝生了禺虢,禺虢生了禺京。禺京处于北海,禺虢处于东海,都做了海神。

禺虢

应 龙

大荒东北隅中,有山名曰凶犁土丘。应龙处南极,杀蚩尤与夸父,不得复上,故下数旱。旱而为应龙之状,乃得大雨。

应龙

【译文】

大荒的东北角上,有一座山叫凶犁土丘。应龙住在这座山的南端,他在黄帝与蚩尤的大战中帮助黄帝杀死过蚩尤,又杀死过夸父,耗尽了神力,不能再上天。因为天上缺少了兴云布雨的神,所以天下数年发生旱灾。每当这种情况发生，百姓就扮成应龙的样子去求雨，果然就会得到大雨。

夔

东海中有流波山，入海七千里。其上有兽，状如牛，苍身而无角，一足，出入水则必风雨，其光如日月，其声如雷，其名曰夔。黄帝得之，以其皮为鼓，橛①以雷兽之骨，声闻五百里，以威天下。

【注释】

① 橛：短木桩，这里指鼓槌。

夔

【译文】

　　东海中有流波山,延伸到海中七千里。山上有一种野兽,样子就像牛,长着青色的身子,头上没有角,有一只脚,出入水中定会伴随着大风大雨,它身上发出的光芒就像太阳与月亮,声音如同响雷,它的名字叫夔。黄帝得到了它,用它的皮做成了鼓,用雷兽的骨头做成了敲鼓的槌。敲打这面鼓的响声,五百里外的人都能听到,黄帝以此来威慑天下。

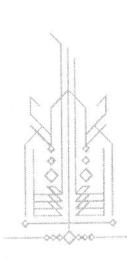

山海经第十五 大荒南经

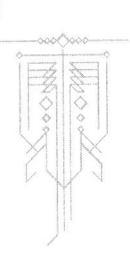

跰踢

南海之外,赤水之西,流沙之东,有兽,左右有首,名曰跰踢。有三青兽相并,名曰双双。

【译文】

南海海外,赤水的西面,流沙的东面,有一种野兽,左右有两个头,名叫跰踢。还有三只青色的兽合并在一起,名叫双双。

跰踢

双双

玄　蛇

有荣山，荣水出焉。黑水之南，有玄蛇，食麈①。

【注释】
① 麈：巨鹿，好食药草。

【译文】
有一座荣山，荣水发源于这里。黑水的南边，有黑色的大蛇，在那里吞食巨鹿。

黄　鸟

有巫山者，西有黄鸟①。帝药，八斋②。黄鸟于巫山，司此玄蛇。

【注释】
① 黄鸟：古"黄""皇"通用，黄鸟即皇鸟，属凤凰一类的神鸟。
② 斋：屋子，房子。

【译文】
有一座巫山，它的西边有一只凤凰属的黄鸟。天帝的仙药，就藏在巫山的八个斋舍中。黄鸟栖在巫山上，专门看守着贪婪的大黑蛇（以防它吃掉天帝的仙药）。

盈民国

有盈民之国,於姓,黍食。又有人方食木叶。

【译文】

有一个盈民国,姓於,以黍为主食。又有人在吃树叶。

蜮 人

有蜮①山者,有蜮民之国,桑姓,食黍,射蜮是食。有人方扞弓射黄蛇,名曰蜮人。

【注释】

① 蜮(yù):一种生长在水边的害虫,能含沙射人,如被射中,就会生疮得病而死。

【译文】

有一座蜮山,附近有个国叫蜮民国,这里的人姓桑,以黍为主食,同时也射蜮来吃。有人正在挽起弓来射黄蛇,名叫蜮人。

蜮人

育 蛇

有宋山者，有赤蛇，名曰育蛇。有木生山上，名曰枫木。枫木，蚩尤所弃其桎梏，是为枫木。

【译文】

有一座宋山，山上有一种红色的蛇，名叫育蛇。有树木生在山上，名叫枫木。枫木，是蚩尤死前丢弃的桎梏，后来变成了枫木。

焦侥国

有小人，名曰焦侥之国，幾姓，嘉谷是食。

【译文】

有一个由小人组成的国家，名叫焦侥国，那里的人姓幾，以好的谷米为生。

焦侥国

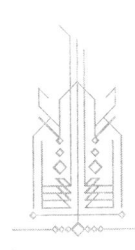

山海经第十六　大荒西经

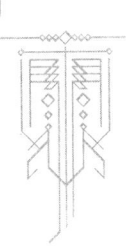

女　娲

有神十人，名曰女娲之肠，化为神，处栗广之野，横道而处。

女娲之肠十人

【译文】

　　有十个神人，他们的名字叫女娲之肠，是女娲死后的肠子变成的，住在栗广的田野上，横截道路而居。

石　夷

有人名曰石夷，西方曰夷，来风曰韦，处西北隅以司日月之长短。

石夷

【译文】

有人名叫石夷,西方叫夷,从北方吹来的风叫韦,石夷居住在大地的西北角,掌管着太阳和月亮运行时间的长短。

五色鸟

有玄丹之山。有五色之鸟,人面有发。爰有青鸢、黄鹜,青鸟、黄鸟,其所集者其国亡。

【译文】

有一座玄丹山,山上有五色鸟,生有人的脸,头上长着头发。这里还有青鸢、黄鹜,也就是青鸟、黄鸟,它们汇集栖息在哪个国家,哪个国家就会灭亡。

五色鸟

人面虎身神

西海之南，流沙之滨，赤水之后，黑水之前，有大山，名曰昆仑之丘。有神，人面虎身，有文有尾，皆白，处之。其下有弱水之渊环之，其外有炎火之山，投物辄然。

【译文】

西海的南边，流沙的边缘，赤水的后面，黑水的前面，有一座大山，名叫昆仑山。有一个神，长着人的脸、虎的身子，身上有花纹，尾巴上有许多白色的斑点，他居住在这里。昆仑山的下面有弱水深渊环绕，它的外面有炎火山，东西一投进去就会燃烧起来。

三面人

大荒之中，有山名曰大荒之山，日月所入。有人焉，三面，是颛顼之子，三面一臂，三面之人不死。是谓大荒之野。

三面人

【译文】

　　大荒中，有一座山叫大荒山，是太阳和月亮落下去的地方。这里有一种人，长着三张脸，他们是颛顼的子孙后代，生着三张脸和一条胳膊，能长生不死。这里就叫大荒野。

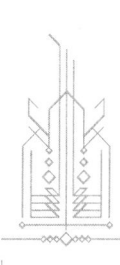

山海经第十七　大荒北经

肃慎氏国

大荒之中,有山名曰不咸,有肃慎氏之国。有蜚①蛭,四翼。有虫,兽首蛇身,名曰琴虫。

【注释】
① 蜚:通"飞"。

【译文】
大荒当中,有一座山叫不咸山,附近有一个肃慎国。有会飞的蛭,生着四只翅膀。有一种蛇,长着野兽的头和蛇的身子,名叫琴虫。

琴虫

九凤与彊良

大荒之中,有山名曰北极天柜,海水北注焉。有神,九首、人面、鸟身,名曰九凤。又有神衔蛇操蛇,其状虎首人身,四蹄长肘,名曰彊良。

【译文】
大荒当中,有一座山叫北极天柜山,海水从北边灌注在这里。有一个神,长着九个头、人的脸、鸟的身子,名叫九凤。还有一个神,嘴里衔着蛇，手里握着蛇，生有老虎的头、人的身子、四个蹄足和长长的手肘，名叫彊良。

九凤

黄帝杀蚩尤

有系昆之山者，有共工之台，射者不敢北乡。有人衣①青衣，名曰黄帝女魃②。蚩尤作兵伐黄帝，黄帝乃令应龙攻之冀州之野。应龙畜水。蚩尤请风伯雨师，纵大风雨。黄帝乃下天女曰魃，雨止，遂杀蚩尤。魃不得复上，所居不雨。叔均言之帝，后置之赤水之北。叔均乃为田祖。魃时亡之，所欲逐之者，令曰："神北行！"先除水道，决通沟渎。

【注释】

① 衣（yì）：穿。
② 魃：引起旱灾的鬼神。

【译文】

有一座系昆山,上有共工台,凡射箭的人都不敢向它所在的北面开弓(以示敬畏共工的威灵)。有人穿着青色的衣服,名叫黄帝女魃。蚩尤制造了各种兵器准备攻打黄帝,黄帝于是命令应龙到冀州的田野上抵御他。应龙蓄积了大量的水,蚩尤便请来风伯和雨师,兴起大风大雨(使应龙所蓄积的水失去了作用)。黄帝于是降下叫魃的天女,她一下来风雨就停了,于是就杀了蚩尤。魃用尽了神力,不能再上天,所居之地没有一点雨水。叔均上奏天帝,把她安置到了赤水北边(这样一来,就解除了旱灾的威胁)。叔均就做了田神。女魃常常到处流亡(所到之处都会出现旱情),当地人想要驱逐她就会祷告说:"请神向赤水北边去!"事先清除水道,疏通河沟(这样往往就能得到降雨)。

烛 龙

西北海之外,赤水之北,有章尾山。有神,人面蛇身而赤,身长千里,直目正乘①,其瞑乃晦,其视乃明,不食不寝不息,风雨是谒②。是谓烛九阴,是烛龙。

【注释】

① 直目正乘:直目:指眼睛竖生。乘:疑是"䁅"字之假音,"䁅"可以引申为眼缝。正乘:是说烛龙两眼合缝处是直的。
② 风雨是谒:意思是以风雨为食。谒:"噎"的假音。

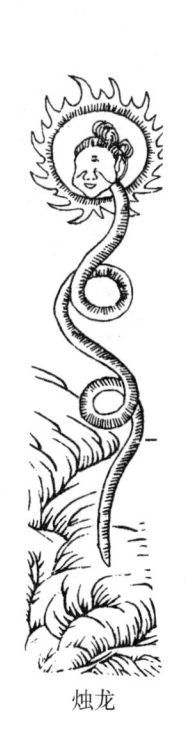

烛龙

【译文】

　　西北海海外，赤水的北边，有一座章尾山，山中有一个神，长着人的脸、蛇的身子，全身都是红色的，身体长达千里，眼睛竖生，眼睑是条直线。当他闭上眼睛的时候，天就会昏暗，当他睁开眼睛的时候，马上就变为白昼，他不食不睡不息，只是吞风喝雨。他能照亮九重泉壤的黑暗，所以叫他烛龙。

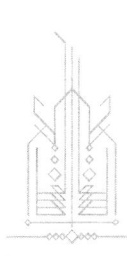

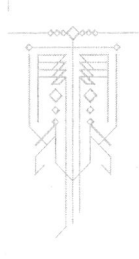

山海经第十八　海内经

韩流生帝颛顼

流沙之东,黑水之西,有朝云之国、司彘之国。黄帝妻雷祖①,生昌意。昌意降处若水,生韩流。韩流擢②首、谨③耳、人面、豕喙、麟身、渠股、豚止。取④淖子曰阿女,生帝颛顼。

【注释】

① 雷祖:即嫘祖,传说是教人养蚕的始祖。
② 擢(zhuó):拔,这里是指物件吊拉变长的意思。
③ 谨:小心慎重,这里引申为细小的意思。
④ 取:通"娶"。

【译文】

流沙的东边,黑水的西边,有朝云国、司彘国。黄帝娶雷祖为妻,生下昌意。昌意被贬到若水这个地方来居住,生下韩流。韩流长着长脑袋、小耳朵、人脸、猪嘴、麒麟身子,两腿并生在一起,还有一只像猪蹄似的脚。他娶了淖子族的阿女为妻,生下颛顼帝。

韩流

盐长国

有盐长之国。有人焉鸟首,名曰鸟氏①。

【注释】

① 氏:有说为"民"字之误。

【译文】

有个国叫盐长国,这里的人长着鸟的头,名叫鸟民。

延 维

有人曰苗民。有神焉,人首蛇身,长如辕,左右有首,衣紫衣,冠旃冠,名曰延维,人主得而飨食之,伯天下。

【译文】

有一种人叫苗民。他们信奉的神,长着人的头、蛇的身体,身子有车辕那么长,左边和右边各有一个脑袋,穿着紫色的衣服,戴着旃帽,名叫延维。国君如果能得到奉飨祭祀他,就会称霸天下。

钉灵国

有钉灵之国,其民从膝以下有毛,马蹄善走。

【译文】

有一个钉灵国,这个国家的人从膝盖以下都长着毛,生有马的蹄足,健步如飞。

钉灵国人

图书在版编目（CIP）数据

山海经 / 谷瑞丽, 赵发国注译. -- 武汉：崇文书局, 2020.6
（崇文国学普及文库）
ISBN 978-7-5403-5665-1

Ⅰ. ①山…
Ⅱ. ①谷… ②赵…
Ⅲ. ①历史地理－中国－古代 ②《山海经》－注释
③《山海经》－译文
Ⅳ. ① K928.626

中国版本图书馆CIP数据核字(2019)第247430号

山海经

责任编辑	冉　怡
装帧设计	刘嘉鹏　甘淑媛
出版发行	长江出版传媒　崇文书局
业务电话	027-87293001
印　　刷	武汉市首壹印务有限公司
版　　次	2020年6月第1版
印　　次	2020年6月第1次印刷
开　　本	880×1230　1/32
印　　张	8.75
定　　价	36.80元

本书如有印装质量问题，可向承印厂调换

本作品之出版权（含电子版权）、发行权、改编权、翻译权等著作权以及本作品装帧设计的著作权均受我国著作权法及有关国际版权公约保护。任何非经我社许可的仿制、改编、转载、印刷、销售、传播之行为，我社将追究其法律责任。

版权所有，侵权必究。